STADT Wien BEKANNT

www.stadtbekannt.at

STADT Wien BEKANNT

Wiener Grätzl

Mariahilf

www.stadtbekannt.at

Stadtbekannt Medien GmbH (Hg) Wiener Grätzl - Mariahilf
www.stadtbekannt.at

Fotos Stadtbekannt Medien GmbH (sofern nicht anders angegeben)
Layout Stadtbekannt Medien GmbH
Druck Wograndl Druck GmbH

1. Auflage 2015
ISBN 978-3-9503869-2-9

INHALT

Für Alexander

VORWORT

In Wien, da wird einem niemals fad. Restaurants, Geschäfte, Geschichtliches und die Wiener selbst - da ist man schon einmal beschäftigt. Und selbst, wenn man schon lange in Wien wohnt, wird man immer wieder Neues entdecken. Manchmal aber, glaubt man schon alles gesehen zu haben, obwohl das ganz und gar nicht der Fall ist. Deswegen wanderte STADTBEKANNT mit der Mission, Wien jeden Tag neu zu entdecken, von Bezirk zu Bezirk und ist schließlich im Sechsten gelandet; einem Ort, der bezaubert. Hier lockt neben dem Naschmarkt auch eine bunte Mischung an Geschäften und unzähligen kulturellen Details, die man beim ersten Hinsehen oft gar nicht wahrnimmt.

Dieses Buch soll den Leser kompakt und praktisch durch Mariahilf führen und immer zur Stelle sein, wenn nach Neuem gesucht wird. Aber auch Altbekanntes und Bewährtes wird hier anschaulich zusammengefasst und spätestens bei den Stadtspaziergängen findet bestimmt jeder seinen Lieblingsweg durch diesen Bezirk.

Wenn wir in weiterer Folge jedoch von Mariahilf sprechen, so meinen wir hauptsächlich den östlichen Teil des Bezirks, der es uns besonders angetan hat und dem wir dieses Buch widmen. Wer weiß, vielleicht gibt es ja auch bald eine Fortsetzung?

MARIAHILF - GESCHICHTE UND G'SCHICHTEN

Ja, man möchte am liebsten gleich alles auf einmal wissen. Aber immer mit der Ruhe! Es zahlt sich aus, die ersten Kapitel zu lesen und sich über die geographischen und geschichtlichen Grundinformationen einzulesen. Es wird sich lohnen. Versprochen!

GEOGRAPHISCHES

Bevor wir in die vielen Geschichten und Geschehnisse aus dem sechsten Bezirk eintauchen, wollen wir doch einmal klarstellen, wo wir uns geographisch eigentlich aufhalten und worüber in diesem Buch genau gesprochen wird.

MARIAHILF, LAIMGRUBE UND MEHR

Der sechste Wiener Gemeindebezirk hat den Namen Mariahilf und entstand im Jahr 1850 aus fünf Vorstädten: Mariahilf, Laimgrube, (Obere und Untere) Windmühle, Magdalenengrund und Gumpendorf. Das Gebiet, das in diesem Grätzl-Buch näher betrachtet wird, ist jedoch viel kleiner. Die Grenzen ziehen sich im Süden am Naschmarkt und somit am 4. Bezirk entlang, im Norden liegt unsere Trennung an der Mariahilfer Straße und somit direkt am 7. Bezirk. Östlich endet es am Getreidemarkt und im Westen stellt die Esterházygasse unsere Grenze dar. Damit behandeln wir vier der 1850 eingegliederten Vorstädte: Laimgrube, Untere Windmühle, einen Teil von Magdalenengrund und den südlich der Mariahilfer Straße liegenden Teil von Mariahilf.
Die zwei westlichen Teile des sechsten Bezirks, also Obere Windmühle und Gumpendorf wurden in diesem Buch großteils außer Acht gelassen.

HISTORISCHES

Wann genau ist der sechste Bezirk als solcher eigentlich entstanden? Was ist auf dem Mariahilfer Wappen zu sehen? Und woher kommen so manche Straßennamen? Diese Fragen werden im folgenden Kapitel beantwortet. Schließlich muss man auch ein bisschen etwas von der Geschichte eines Bezirkes verstehen, um ihn wirklich schätzen zu können.

DER LEHM UND DIE MÜHLEN

Als erste Ortschaften des heutigen 6. Bezirks kann man die Laimgrube und Gumpendorf festhalten. Laimgrube wurde 1291 erstmals urkundlich erwähnt und bestand wohl bereits im 11. Jahrhundert als Ortschaft. Gumpendorf gibt es sogar noch länger. Die beiden Gebiete wurden vor allem durch ihren lehmigen Boden und den dadurch stattfindenden Lehmabbau für die Ziegelproduktion bekannt. So entwickelte sich aus „Lehm" langsam „Laim" und die Laimgrube war geboren. Zwischen den Gruben, die durch den Lehmabbau entstanden, waren immer wieder kleine Fleckchen Land, die zum Weinanbau genutzt wurden. Außerdem waren in diesem Gebiet auch einige Mühlen angesiedelt, woran wiederum die Windmühlgasse erinnert.

MARIAS GNADE

Der Ortsteil Mariahilf, der dem gesamten sechsten Bezirk

seinen Namen gegeben hat, entstand um einiges später als Laimgrube und Gumpendorf. Erst 1570 wurde dort (inmitten des Weingebiets) das erste Haus gebaut. Da die Lage jedoch auch verkehrstechnisch (Richtung Schönbrunn) günstig war, wuchs Mariahilf schnell an.
Der Name kommt von dem Gnadenbild Mariahilf von Lucas Cranach dem Älteren, das zwar eigentlich im Innsbrucker Dom zu finden ist, dessen Kopie sich jedoch (auch heute noch!) in der Kirche der Barnabiten (Mariahilfer Kirche) befindet.

DAS MARIAHILFER WAPPEN

Das Wappen des sechsten Bezirkes wurde aus den Wappen der fünf 1850 eingemeindeten Vorstädte gebildet. Links oben das Wappen von Laimgrube, das den heiligen Theobald mit einer Kirche im Hintergrund darstellt - heute erinnert auch die Theobaldgasse an das ehemalige Kloster.

Das rechte obere Wappen, das des Ortsteils Windmühle, stellt auch den heiligen Theobald dar - diesmal jedoch im Bischofsgewand. Die Kirche befindet sich nun links und bildet gemeinsam mit dem Wappen von Laimgrube eine Kirche mit zwei Türmen.

Links unten findet man das Wappen von Magdalenengrund; dieser Bezirksteil hat seinen Namen der heiligen Maria Magdalena zu verdanken. Auf dem Bild sieht man die Heilige neben dem gekreuzigten Jesus knien.

Das Wappen rechts unten unterscheidet sich optisch sehr von den anderen Wappenteilen. Die drei Lilien in schwarz und gelb symbolisieren das Familienwappen der Familie Muschinger, die ab dem Jahr 1540 die Vorstadt Gumpendorf besaß.

Zu guter Letzt das Wappen des namensgebenden Bezirksteils Mariahilf in der Mitte. Darauf ist Don Juan de Austria zu sehen, der 1571 in der Schlacht von Lepanto überraschend gegen die Osmanen gewann und Legenden zu Folge diesen Sieg der Hilfe der heiligen Maria zuschrieb. Don Juan de Austria war ein unehelicher Sohn Kaiser Karls V. und wurde von seinem Halbbruder, dem spanischen König Philipp II., zu Hofe eingeführt, nachdem Kaiser Karl V. dies in seinem Testament so festgelegt hatte.

WISSENSWERTES ÜBER MARIAHILF

Mariahilf ist einer der hügeligsten Stadtteile Wiens. Von der Mariahilfer Straße aus gesehen fällt das Gebiet bis zur Wienzeile ganze 30 m ab. Das scheint zwar nicht viel zu sein, jedoch mussten - um diesen Höhenunterschied überwinden zu können - einige Stiegen eingebaut werden. Daher befinden sich auch zahlreiche historische Stiegen, wie beispielsweise die Rahlstiege oder die Fillgraderstiege, in diesem Gebiet.

Mariahilf war in der Nachkriegszeit französisch besetzt und war von allen drei anderen Besatzungsmächten umgeben. Im 4. herrschten die Russen, im 5. die Engländer und im 7. Bezirk waren die Amerikaner die befehlshabende Besatzungsmacht.

KÖNIGSKLOSTERGASSE

Die Königsklostergasse war bis zum Jahr 1887 eigentlich ein Stiegenverlauf zwischen (heutiger) Mariahilfer Straße und Gumpendorfer Straße. Sie erhielt ihren Namen von dem „Königinkloster", das 1582 von der Königin Elisabeth (Tochter von Maximilian II.) gestiftet wurde. Fälschlicherweise wurde das Königinkloster im Volksmund gerne „Königskloster" genannt. Der Stiegenverlauf neben dem Kloster war damals von vielen Bettlern besetzt, weil beim Kloster regelmäßig Mittagskost und Almosen verteilt wurden und so war die Königsklostergasse damals noch die „Bettlerstiege".

LUFTBADGASSE

Diese Gasse hat ihren Namen von dem 1852 von Josef Eggerth (die Eggerthgasse erinnert heute noch an ihn) erbauten „Esterházybad", das erste Dampfbad Wiens. Damals nannte man diese Institution noch „Heilluftbad" - daher der heutige Name „Luftbadgasse". In der parallel verlaufenden Dürergasse befand sich außerdem das Karolinenbad, das ähnlich wie das Esterházybad mit mehreren Wannenbädern ausgestattet war.

Naschmarkt

NASCHMARKT

Wer an den sechsten Bezirk denkt, der denkt unweigerlich auch an den Naschmarkt. Ein Ort für abendliche Drinks, fürs Feilschen und Plaudern. Ein Ort zum Einkaufen, zum Stöbern und vor allem ein Ort mit einer langen Geschichte. Unser Wiener Naschmarkt.

DER NASCHMARKT UND SEIN NAME

Der Naschmarkt - ein Lieblingsplatzerl der Wiener, ein Zentrum für Händler und Käufer, ein Schlaraffenland für Feinschmecker und ein Hotspot für Künstler und Touristen. Er selbst ist legendär, aber auch die vielen Geschichten um seinen Namen stellen interessante Legenden dar. Im Groben kann man von drei Varianten sprechen, die sich durchgesetzt haben. Sie klingen äußerst plausibel und möglicherweise stimmen sie sogar allesamt - doch entscheidet selbst!

1) Naschmarkt kommt von „Asche", weil sich an dem Ort früher ein Asche - und Mistablagerungsplatz befand.

In der zweiten Hälfte des 18. Jahrhunderts gab es noch keinen Naschmarkt, sondern nur den Platz, wo sich heute der Karlsplatz befindet. Abgegrenzt durch die Kärntnertorbrücke (dort wo sich Kärntner Straße und Wiedner Hauptstraße trafen), durch die Treitlstraße, die Wiedner Hauptstraße und die (heutige) Operngasse. Dieser Platz wurde als Asche- und

Mistablagerungsplatz verwendet.

2) Naschmarkt kommt von „Asch", weil die aus Eschenholz bestehenden Milchgefäße früher so bezeichnet wurden.

1774 wird an der Stelle ein Kleinmarkt erwähnt, der vorwiegend mit Milch gehandelt hat. Erst später eröffneten weitere Stände, die Obst und Gemüse anboten.

3) Naschmarkt kommt von den vielen exotischen Produkten, Gewürzen und Naschereien, die man dort erwerben konnte.

Ende des 18. Jahrhunderts wurde angeordnet, dass sämtlicher Obst- und Gemüsehandel, der auf Wägen ins Stadtgebiet gebracht wurde, an diesem Markt stattfinden sollte.

Für welche Erklärung man sich auch immer entscheiden will, sie alle lehren uns ein Stück Wiener Geschichte. Fakt ist, dass der Naschmarkt erst ab 1905 offiziell so benannt wurde und auch erst seit diesem Zeitpunkt zur Gänze seinen heutigen Standort über dem Wienfluss hat.

GRENZGÄNGER

Flüsse bilden gerne Grenzen - und so auch der Wienfluss zwischen 6. und 4. Wiener Gemeindebezirk. Nur, befindet sich direkt auf dem Wienfluss der Naschmarkt und somit verlief längs durch den Markt eine Bezirksgrenze. 2009 beschloss man, diesen Umstand zu ändern und verlegte diese an die Rechten Wienzeile. Der Naschmarkt gehört somit gänzlich zum 6. Bezirk.

OBST, GEMÜSE UND GASTRONOMIE

Der Naschmarkt ist zwar als „Markt" bekannt, dient aber für viele mehr als Treffpunkt und Flaniermeile, denn als Marktplatz. Diese Tatsache wird von manchen nicht gutgeheißen, denn ein zu hoher Anteil an Gastronomiebetrieben nimmt dem Markt seinen Flair. Offiziell ist es jedoch so, dass gastronomische Betriebe laut Marktamt höchstens ein Drittel der verbauten Fläche besetzen dürfen.

NASCHMARKT FACTS

- Der Naschmarkt ist der größte innerstädtische Markt Wiens
- und hat eine Fläche von 2,315 Hektar
- Wöchentlich besuchen ihn in etwa 66.000 Tausend Menschen
- 1905 wurde der Markt offiziell „Naschmarkt" benannt
- Samstags findet am Naschmarkt ganzjährig ein Flohmarkt statt
- Etwa 100 Stände mit Lebensmitteln oder Gastronomie
- befinden sich am Gebiet des Naschmarkts
- Seit 2009 gehört der Naschmarkt zur Gänze zum 6. Bezirk
- vorher verlief die Grenze zwischen 4. und 6. Bezirk direkt
- durch die Mitte des Naschmarkts

BAUWERKE UND SEHENSWÜRDIGKEITEN

Der sechste Bezirk ist auf allen Ebenen ein Erlebnis. Man kann vor allem auch einige architektonische Highlights entdecken, wenn man mit offenen Augen und diesem Büchlein in der Hand durch die Straßen wandert. Eine kleine Bereicherung in Sachen Kirchen, Denkmälern und Parks findet ihr auf den folgenden Seiten.

ES WAR EINMAL ...

Wenn man so durch Wiens Straßen wandert, so fragt man sich manchmal, wie es hier wohl vor 100 Jahren ausgeschaut haben muss - oder gar vor nur 50 Jahren. Ziemlich anders, wie wir herausgefunden haben.

THEOBALDKLOSTER

Das Theobaldkloster befand sich mehr oder weniger dort, wo heute die Laimgrubenkirche zu finden ist. Seine Geschichte lässt sich bis ins Jahr 1343 zurückverfolgen, wo Herzog Albrecht II. eine Kapelle errichten ließ. Später diente die Kirche als Versorgungshaus für adelige Witwen. 1354 wurde das Kloster für Schwestern vom Orden des Heiligen Franziskus umgewandelt. 1451 ging die Kirche schließlich an die Ordensbrüder der Franziskaner, wo Johannes Capistran die Kirche dem heiligen Theobald weihen ließ. Heute erinnert die Capistrangasse an den Namensgeber und die Theobaldgasse an die Namensgebung.

Im Zuge der zwei Türkenbelagerungen (1529 und 1683) wurde die Kirche zweimal völlig zerstört und wieder aufgebaut. Im Jahr 1667 wurde der Grundstein für das neue Kirchengebäude gelegt, die „Kirche zum hl. Josef".

GETREIDEMARKTKASERNE

Man mag es glauben oder nicht, aber im Bezirksteil Laimgrube, dort wo sich auch einst das Theobaldkloster stand, befand sich bis 1903 eine Kaserne. Sie wurde von Maria Theresia genehmigt 1753 bezogen. 1903 fand jedoch die „Kasernentransaktion" statt, im Zuge welcher 13 innerstädtische Kasernen in die Vororte verlegt wurden, weil dort mehr Platz zur Verfügung stand. Im Zuge der Demolierung der Kaserne wurde ein neues Stadtviertel angelegt und so entstand auch die Theobaldgasse, die direkt durch das ehemalige Kasernengelände führt.

PALAIS KAUNITZ / PALAIS ESTERHÁZY / PALAIS ALBRECHTSBURG

Da, wo heute das Amerlinggymnasium steht, war früher einmal ein Sommerpalais, das von Adelsfamilie zu Adelsfamilie weitergereicht wurde und daher unter den verschiedensten Namen bekannt ist. Im Jahr 1695 ließ Johann Ignatz von Albrechtsburg auf ehemaligen Weingärten ein Sommerpalais errichten, das von da an als „Sommerpalais Albrechtsburg" bekannt war. 1750 kaufte Wenzel Anton Graf von Kaunitz das Palais - somit der neue Name „Palais Kaunitz". Ab 1814 war das Palais im Besitz von Fürst Nikolaus II. Esterházy, der den Sommersitz, der mit Reitstallungen und Gärten ausgestattet war, in eine Galerie verwandelte. Er besaß eine umfangreiche Gemälde- und Mineraliensammlung sowie eine eigene Bibliothek. Etwa 50 Jahre später geriet die Familie Esterházy in finanzielle Schwierigkeiten, verkaufte große Teile der Kunstsammlung und schließlich im Jahr 1868 auch das

Palais selbst an die Gemeinde Wien. Von da an gab es den auch heute noch bestehenden Esterházypark, der für die Öffentlichkeit zugänglich gemacht wurde. Schließlich wurde das Palais, das schon vorher als Schule genutzt wurde, abgerissen und durch einen Neubau ersetzt: das heutige Amerlinggymnasium.

APOLLO THEATER

Schon bevor es Kinoleinwände gab, war das Apollo ein Schauplatz für Schauspielkunst. Das Gebäude wurde 1904 errichtet und wurde sowohl als Theater und Hotel aber als auch als Zinshaus genutzt. Im Erdgeschoss befand sich außerdem das Restaurant „Apollo-Tunnel". Schon 1929 wurde das Theater jedoch von dem „Apollo-Kino" ersetzt, das schon damals eines der größten Kinos in Wien war.

KIRCHEN & BAUWERKE

Hier eine Kirche, dort ein Denkmal und ganz bestimmt noch irgendwo ein ungeahnter Durchgang. Im sechsten Bezirk warten sie überall auf uns, die schönen Häuser und die geschichtsträchtigen Bauten.

BARNABITENKIRCHE / MARIAHILFER KIRCHE

Barnabitengasse

Nicht zu übersehen und wunderschön steht sie da, die Barnabitenkirche gleich an der Mariahilfer Straße. Davor finden Wo-

Barnabitenkirche / Mariahilfer Kirche

chenmärkte und der Mariahilfer Christkindlmarkt statt, darunter versteckt sich die Gruft als Caritas Einrichtung für Obdachlose und darin befindet sich das berühmte Gnadenbild Mariahülf. Die Kirche selbst wurde 1656 als Ableger der Michaelerkirche gebaut. Ihre heutige Gestalt begann sie aber erst 1711 anzunehmen, als nach den Plänen von Franziskus Jänckl die gesamte Kirche umgebaut wurde.

BEETHOVENHAUS

Laimgrubengasse 22

In der Laimgrubengasse befindet sich ein kleines Haus mit großer Tafel, auf der geschrieben steht, dass in diesem Hause zwischen 1822 und 1823 Ludwig van Beethoven lebte. Er war also schon beachtliche 52 Jahre alt, als er hier einzog und sollte nur mehr bis 1827 zu leben haben. In seinen letzten Jahren war Beethoven bekannterweise nicht mehr in dem besten gesundheitlichen Zustand und komponierte trotz Gehörlosigkeit seine weltberühmte 9. Symphonie. Einen Teil davon auch in diesen Räumlichkeiten.

CASA PICCOLA

Mariahilfer Straße 1b

Eigentlich handelt es sich bei der Casa Piccola „nur" um einen Mauervorsprung eines Gebäudes am Beginn der Mariahilfer Straße. Hier befand sich früher ein Kaffeehaus, das durch die erhöhte Lage und die Glasfenster einen schönen Ausblick bot. Der Name kommt von dem Besitzer des Kaffeehauses - Dominik Casapiccola.

Zur Jahrhundertwende und bis in die 30er Jahre befand sich hier außerdem ein Modelgeschäft der Schwestern Flöge, die engen Kontakt zu Gustav Klimt pflegten. Heute hat die Schuhkette Humanic dort ihre Verkaufsräumlichkeiten.

FLAKTURM - HAUS DES MEERES

Fritz-Grünbaum-Platz 1

Insgesamt befinden sich sechs Flaktürme in Wien, die in den Jahren des Zweiten Weltkriegs erbaut wurden. Sie dienten als riesige Schutztürme, Feuerleitanlagen und Abwehrbauten, die im Falle eines Luftangriffs aufgesucht werden konnten. Die Hochbunker wurden stets im Doppelpack gebaut, wobei der Partner des „Leitturms" im Esterházypark der „Gefechtsturm" in der Stiftskaserne ist.

Heute befindet sich im ehemaligen Flakturm das Haus des Meeres und somit werden die elf Stockwerke als oberirdisches Aquarium und „Aqua Terra" genutzt. Im obersten Stockwerk kann man im Café den Ausblick über Wien genießen. Für die Zukunft sind außerdem Außenlifte aus Glas geplant, die dann direkt zur Dachterrasse führen sollen.

LAIMGRUBENKIRCHE

Windmühlgasse 3

Diese Kirche ist auch unter den Namen „Kirche St. Josef ob der Laimgrube" oder „Pfarrkirche Mariahilf-St.Josef" bekannt. Schon 1343 befand sich in diesem Gebiet ein Gotteshaus - wenn es auch noch lange nicht die heutige Form hatte.

Zuerst dem hl. Theobald und den Ordensschwestern der Franziskaner, dann dem hl. Josef und den Ordensbrüdern der Franziskaner gewidmet, in den Türkenbelagerungen völlig zerstört, neu aufgebaut, als Erziehungsanstalt eingesetzt und schließlich wieder demoliert.

Jedoch beschloss man bei der Demolierung zeitgleich ein Replik der „alten" Laimgrubenkirche direkt dahinter zu erbauen. Und seit 1907 dürfen sich die Wiener der neubarocken Kirche in der Windmühlgasse erfreuen.

RAIMUNDHOF

zwischen Mariahilfer Straße 45 & Windmühlgasse 20

Der Raimundhof ist eine Kombination aus vier Höfen, die durch freiwillige Durchgänge verbunden sind. An der Mariahilfer Straße 45 beziehungsweise an der Windmühlgasse 20 befinden sich die jeweiligen Eingänge zu der Passage. Benannt wurde diese Durchgangs-Hof-Kombination nach dem Schauspieler Ferdinand Raimund, der in dem Haus mit dem Namen „Zum goldenen Hirschen" geboren wurde. Heute findet man dort neben Geschäften auch Restaurants und Cafés. Außerdem wird der Weg gerne als praktische Abkürzung genutzt.

SEMPER DEPOT

Lehárgasse 6-8

Gottfried Semper - das ist ein Name, der einem vor allem durch die Semperoper in Dresden, das Burgtheater, das Naturhistorische und das Kunsthistorische Museum aber eben

auch durch das Semper Depot in Wien bekannt ist. Dieser namhafte Architekt des 19. Jahrhunderts hat zwischen 1874 und 1877 gemeinsam mit Carl Freiherr von Hasenauer neben den erwähnten berühmten Gebäuden auch das „k.k. Hoftheater Kulissendepot" erbaut, welches damals für die Requisiten der Theaterbetriebe und heute als Atelier der Akademie der bildenden Künste genutzt wird.
Bevor es jedoch so weit kam, wurde das Semper Depot Ende des 20. Jahrhunderts beinahe abgerissen, um Platz für diverse Erweiterungsgebäude der TU Wien zu machen. Zum Glück sprachen sich zu guter Letzt die Beteiligten doch noch für eine Erhaltung und Restaurierung aus und nun ist das Semper Depot der letzte erhaltene Nutzbau von Gottfried Semper in Wien.

TECHNISCHE UNIVERSITÄT

Getreidemarkt 9

Am Getreidemarkt 9 befindet sich das denkmalgeschützte Geniedirektionsgebäude. Es wurde zwischen 1862 und 1864 erbaut und nahm damals den Platz eines Jesuitenhofes ein. In dem Geniedirektionsgebäude beschäftigte man sich mit militärischem Festungsbau - es wurde jedoch mit dem Zerfall der Monarchie an die Technische Universität Wien übergeben und beheimatet heute die Fakultät für Technische Chemie.

Rund um dieses 2011 sanierte Gebäude wurden etwa zur gleichen Zeit noch weitere moderne Institutsgebäude errichtet beziehungsweise modernisiert. Im Jahr 2010 wurde der Lehártrakt fertiggestellt und 2014 konnte schließlich der gesamte Gebäudekomplex eröffnet werden. Highlight der Modernisierung ist das erste Plus-Energie-Hochhaus, das anstatt Strom zu verbrauchen sogar selbst noch Strom produziert.

WIENZEILENHÄUSER

Linke Wienzeile 38 & 40, Köstlergasse 3

An der linken Wienzeile findet man die Jugendstilbauten des Architekten Otto Wagner, die oftmals als die schönsten Häuser Wiens gerühmt werden. Die beiden Gebäude mit den Hausnummern 38 und 40 und das angrenzende Haus in der Köstlergasse gleich um die Ecke entstammen seinem, um die Jahrhundertwende begonnenen Plan, die Straße entlang des Wienflusses in einen Prachtboulevard zu verwandeln.

Linke Wienzeile 40 - Majolikahaus

Das wohl bekannteste der drei Häuser ist das „Majolikahaus" an der Hausnummer 40, dessen Fassade vollständig mit witterungsbeständigen Keramikfliesen bedeckt ist. Die Fliesen wurden von Wagners Schüler Alois Ludwig selbst entworfen und von Wienerberger produziert. Der Name Majolika entstammt dem Altitalienischen und bezieht sich auf die aus dem 15. und 16. Jahrhundert stammende Kunst, zinnglasierte Keramik mit bunten Mustern und floralen Gebilden zu bemalen.

Linke Wienzeile 38

Dieses Haus wurde, genau wie das Majolikahaus, im Jahr 1898 errichtet und ist das Eckhaus zur Köstlergasse. Es ist in weiß gehalten und mit goldenen Ornamenten von Koloman

Moser verziert. Wagner hatte für das Erdgeschoss des Hauses ein Kaffeehaus geplant; heute befindet sich dort eine Filiale der Bank Austria. Besonders der Lift, der ebenso mit Jugendstilelementen verziert ist, gilt als Highlight.

Köstlergasse 3 - Otto Wagner Haus

Das Haus in der Köstlergasse ist das am wenigsten pompös gestaltete der drei Wienzeilenhäuser Otto Wagners. Der Architekt lebte einige Jahre sogar selbst in diesem Gebäude und hatte dort auch seine sagenumwobene gläserne Badewanne stehen, die bis heute jedoch verschollen geblieben ist.

PARKS, GÄRTEN UND VERBORGENE SCHÄTZE

Ihre Geschichten sind so verschieden wie die Blumen, die dort wachsen. Der eine war eine Sommerresidenz, der andere eine Garage.

ESTERHÁZYPARK

Der Esterházypark ist, wie auch die nahegelegene Esterházygasse, nach der ungarischen Adelsfamilie benannt, die hier ihren Sommersitz hatte. Schon Ende des 18. Jahrhunderts war dieser Park in Grundzügen vorhanden. Während des Zweiten Weltkriegs, als der große Flakturm mitten am Platz erbaut wurde, entstand eine Spaltung des Parkgebiets. Heute befindet sich vor dem Flakturm (Haus des Meeres) ein Platz mit Bänken, der über einen Treppenaufgang erreicht werden

Esterházypark

kann. Entlang der Gumpendorfer Straße steht eine Mauer, die mit vier denkmalgeschützten Figuren geschmückt ist. Sie stammen von dem ehemaligen Lazansky-Haus am Stephansplatz und wurden vor dessen Demolierung hierher übertragen.

Hinter dem Flakturm erstreckt sich die etwas grünere Parklandschaft des Esterházyparks. Die Kletteranlage, Kinderspielplätze und Tischtennistische sorgen dafür, dass dieser Park nicht nur zur Entspannung dient, sondern auch aktiv genutzt werden kann.

ALFRED-GRÜNWALD PARK

Dort, wo sich heute der Alfred-Grünwald Park befindet, war nach dem Zweiten Weltkrieg der Wiener Automobilhersteller Denzel angesiedelt. Nachdem die Betriebsfläche jedoch jahrelang ungenutzt blieb, rief 1979 eine Bügerinitiative dazu auf, dort einen Park zu errichten. Schließlich entstand im Jahr 1981 durch die Pflege der Anwohner ein Park, der jedoch erst 1986 offiziell den Namen „Alfred-Grünwald Park" bekam. Davor, und auch heute noch wird diese Grünfläche gerne „Denzelpark" genannt.

HELENE-HEPPE-PARK

Nur ungefähr 500 Quadratmeter ist der Helene-Heppe-Park groß, aber er bleibt doch etwas Besonderes. Er wurde 2005 nach der Bezirksrätin Helene Heppe (*1948 - +1994) benannt, die sich zeitlebens sehr intensiv für die AIDS-Hilfe eingesetzt hat und auch selbst an dieser Krankheit starb. Sie war außerdem gleichzeitig die erste Politikerin der Grünen und die erste an AIDS gestorbene Person, nach der ein Park benannt wurde.

DENKMÄLER, BRUNNEN UND KUNSTOBJEKTE

Wenn eine Stadt Formen annimmt, dann sind nicht nur die Häuser und Straßen wichtig. Auch das eine oder andere Kunstobjekt gibt einem Grätzl seine Gestalt.

HAYDN-DENKMAL
Mariahilfer Straße 55

Direkt vor der wunderschönen, neobarocken Barnabitenkirche befindet sich ein großer Sockel und darauf steht ein fast gelassen aussehender Joseph Haydn. 1877 lies eine Gruppe von Haydn-Verehrern die Figur von Heinrich Natter erschaffen. Früher stand an diesem Platz der Gänsemädchenbrunnen, der dann aber zu Rahlstiege umversetzt wurde.

GÄNSEMÄDCHENBRUNNEN AN DER RAHLSTIEGE

Mitte des 19. Jahrhunderts fanden in Wien auch hin und wieder Geflügel- beziehungsweise Gänsemärkte statt. Ein Standort für einen solchen Markt war Brandstatt in der Nähe des Stephansdoms. 1865/1866 ließ die Gemeinde dort also den Gänsemädchenbrunnen errichten, der ein bronzenes Mädchen mit einer Gans zeigt. 1879 wurde der Brunnen vor der Mariahilfer Kirche platziert, wo er jedoch nur bis 1886 bleiben durfte, denn dann wurde das Mädchen von dem auch heute noch dort befindlichen Haydn Denkmal verdrängt. Heute ist das Gänsemädchen direkt vor der Casa Piccola am oberen Ende der Rahlstiege anzutreffen.

FILLGRADERSTIEGE

Die Fillgraderstiege wurde nach Maria-Anna Fillgrader benannt, die Frau des Glockengießers Georg Fillgrader. Beide haben sich in Laimgrube sehr für arme Menschen und Obdachlose engagiert und haben für ihre Wohltätigkeit am Zentralfriedhof ein Ehrengrab erhalten. Die Stiege selbst ist im secessionistischem Stil gebaut, verbindet die Fillgradergasse mit der Theobaldgasse und befindet sich direkt gegenüber des Fillgraderhofs. In den 1980er Jahren befand sich nach der Renovierung der Stiege kurzzeitig sogar ein kleines Steh-café in dem unteren Bereich der Stiege.

RAHLSTIEGE

zwischen Mariahilfer Straße und Rahlgasse

Dort, wo sich die Rahlstiege befindet, kann man schon seit dem 18. Jahrhundert das Bestehen einer Treppe nachweisen. Die heutige Rahlstiege wurde jedoch erst 1870 fertiggestellt - im selben Zuge wie die Eingemeindung der Vorstadt Laimgrube. Seinen Namen hat der Treppenaufgang, genau wie auch die anliegende Rahlgasse, von dem Maler Carl Rahl (*1812 - +1865). Am oberen Ende der Rahlstiege (auf der Mariahilfer Straße) befindet sich der Gänsemädchenbrunnen, der 1886 hierher versetzt wurde.

TIERTRÄNKEBRUNNEN

Ein Schmuckstück der Mariahilfer Straßenkunst ist der Tiertränkebrunnen, der 1968 an der Kreuzung von Gumpendorfer Straße und Theobaldgasse aufgestellt wurde. Als er jedoch im Jahr 1916 von der Opernsängerin Hedwig Francillo-Kauffmann gestiftet wurde, befand er sich noch hinter der Secession.

PAPAGENOTOR

Millöckergasse 8

Das Papagenotor ist der letzte von außen sichtbare Teil des Theater an der Wien, der noch im ursprünglichen Zustand ist. Es ist von der Millöckergasse aus (bzw. auch über die Papagenogasse) zu erreichen und war früher der Haupteingang des „neuen Opernhauses". Heute dient es als Seiteneingang und ist denkmalgeschützt. Auf der Empore des Tors sieht man Emanuel Schikaneder, den Gründer des Theater an der Wien und Textdichter der Zauberflöte, im Papagenokostüm mit spielenden Kindern. Eine Gedenktafel an der Seite des Tors erinnert an die Zeit, in der Ludwig van Beethoven in diesem Gebäude lebte.

WC-ANLAGE AMERLINGSTRASSE

Normalerweise würde man ja nicht unbedingt freiwillig auf die unterirdischen Wiener Toiletten gehen, aber in diesem Fall darf man eine Ausnahme machen. Diese WC-Anlage ist an der Kreuzung von Neubaugasse, Mariahilfer Straße und Amerlingstraße zu finden und unterirdisch erreichbar. Sie wurde 1913 von Wilhelm Beetz errichtet, der ein Patent auf besonders geruchsarme WCs besaß. Die Toilettenanlage wurde restauriert und ist auch noch heute in diesem Jugendstil-Stil erhalten.

MARIAHILF FÜR ALLE

Ins Museum, zum Wellness oder heute dann doch lieber ganz etwas Anderes? Egal, was ihr sucht - der 6. Bezirk wird es euch liefern! Viele feine Empfehlungen für Theater- und Kulturliebhaber, Sportsfreunde und Wochenendgäste findet ihr in den nächsten Kapiteln.

FÜR KULTUR-LIEBHABER

In Mariahilf kann man viel Neues lernen. Das kann man auch an der interessanten Sammlung an Museen erkennen, die sich hier finden lassen. Gewöhnlich? Bestimmt nicht!

BEZIRKSMUSEUM MARIAHILF

Mollardgasse 8 | www.bezirksmuseum.at

Das Bezirksmuseum Mariahilf wurde 1951 von Fritz Illing gegründet und versteht sich nicht nur als Heimatmuseum, sondern auch als Vernetzer und Unterstützer von aktuellen Veranstaltungen zur Zeitgeschichte. Seit 2008 gehören auch das Naschmarktmuseum und das Glasmuseum als Dauerausstellungen zum Bezirksmuseum. Das Naschmarktmuseum ist eine kleine ungenutzte und ungeweihte Kapelle, die früher als Gebetsraum für die Märktler genutzt wurde und heute mit Originalexponaten von alten Marktständen gefüllt ist. Im Glasmuseum stehen vor allem die Geschichte der Herstellung und Technik der Glasmalerei im Vordergrund, aber es werden auch einzelne Glaswerkstätten aus dem 6. Bezirk vorgestellt.

CONDOMI MUSEUM

Esterházygasse 26 | www.liebens-wert.at

Dort wo sich auch der erotische Shop Liebenswert befindet, gelangt man zum schon seit 1994 bestehenden Condomi Museum. Der Besitzerin des Shops war es schon seit jeher ein Anliegen, aus Erotik und Sex keine Tabuthemen zu machen, Verhütung und den eigenen Umgang zur Sexualität offen zu diskutieren und vor allem Mädchen ohne Vorurteilen gegenüber zu stehen. Das Condomi Museum ist eine Sammlung aller lustigen und interessanten Kondomvarianten der Geschichte der Verhütung und überraschenden Fakten. Das Museum hat immer zu den Shop-Öffnungszeiten geöffnet.

HAUS DES MEERES

Fritz-Grünbaum-Platz 1 | www.haus-des-meeres.at

Elf Etagen hat der Flakturm aus dem Zweiten Weltkrieg, der nun das Haus des Meeres beheimatet. Auf den verschiedenen Stockwerken kann man sich von Wasserbewohnern sowie Reptilien aber auch verschiedensten Vogel- und Affenarten überraschen lassen. Die regelmäßigen Tierfütterungen sind nicht nur für das großteils junge Publikum interessant, sondern eigentlich für jeden Besucher ein Highlight. Im obersten Stockwerk darf man sich im Café verwöhnen lassen und den Ausblick über Wien von der Dachterrasse aus genießen. Immer wieder kann man auch Informationen zur früheren Nutzung des Gebäudes finden und spezielle Ausstellungen erinnern auch an die Zeit des Zweiten Weltkriegs.

FOLTERMUSEUM

Fritz-Grünbaum-Platz 1 | www.folter.at

Dass unser „Rechtssystem" lange Zeit aus Henkern und allerlei Käfigen bestand, kann man im Foltermuseum hautnah erfahren. Das Museum ist in den Kellergewölben des Flakturms am Esterházypark untergebracht und führt die Besucher

Haus des Meeres

durch die Geschichte der Bestrafung und der Foltermethoden und kann mit unzähligen Exponaten sehr wirklichkeitsgetreu darstellen, wie es im Mittelalter wohl so zuging. Hier wird einem einmal eine andere Art von Museum geboten und der Eintritt ist definitiv leistbar.

MUSEUM IN PROGRESS

Hofmühlgasse 17/2/25 | www.mip.at

Es handelt sich beim Museum in Progress weniger um ein Museum, als um eine Kunst-Initiative. Zeitgenössische Kunst wird an verschiedensten „Ausstellungsorten" gezeigt. So werden Häuserfassaden, Zeitungen oder Internetseiten zu Ausstellungsflächen umgewandelt. Um solche Projekte realisieren zu können, sind natürlich Kooperationspartner aus der Wirtschaft wichtige Akteure. Das Büro des privaten Kunstvereins befindet sich in der Hofmühlgasse - mit Kunst bespielt wurden aber beispielsweise schon die Staatsoper, das MoMA in New York und die Galerie OstLicht.

FÜR THEATER-FREUNDE

Schon in der Gründerzeit haben sich in Mariahilf namhafte Theater angesiedelt. Wem jetzt aber nur das Theater an der Wien einfällt, der darf gleich noch weiter lesen, denn wir haben noch einige Kinos, Theater und Schaustätten gefunden!

APOLLO KINO

Gumpendorfer Straße 63 | www.cineplexx.at

Das Apollo Kino ist wohl das größte zentral gelegene Kino in Wien. Es befindet sich direkt neben dem Haus des Meeres und ist öffentlich am besten mit dem 13A zu erreichen, der direkt vor der Haustüre Halt macht. Der große IMAX Kinosaal überzeugt durch Sound- und Bildqualität und schon alleine seinetwegen ist das Kino gerne voll. Zum Glück gibt es noch elf weitere Kinosäle, Specials für Ladies, den Kinomontag und Wochenendaktionen. Es ist also immer etwas los im Apollo Kino und ein Besuch lohnt sich auf jeden Fall!

HAYDN KINO

Mariahilfer Straße 57 | www.haydnkino.at

Das Haydn Kino ist eine der beliebtesten Adressen für englisches Kino in Wien. Hier werden aktuelle Kinofilme in Originalsprache gezeigt und dazwischen finden auch kulturelle Highlights, wie Opernübertragungen oder Ballettaufzeichnungen Platz. Sitzplätze für diese Vorstellungen können dann als Abo gekauft werden oder man ergattert noch Karten an der Abendkassa. Da heißt es aber früh dran sein, denn das Haydn Kino ist eigentlich immer sehr gut besucht und seine vier Kinosäle bestens gefüllt.

INTERKULT THEATER

Filgradergasse 16 | www.derwisch.net

Ein Zusammentreffen der Kulturen und eine Vermischung der Identitäten - das passiert im Interkult Theater. Hier treibt vor allem „der Derwisch" sein Unwesen und bringt die Zuschauer mit seinen halb österreichisch, halb türkischen Witzen zum Lachen. Und dabei trifft er genau ins Schwarze. Tabuthemen, Einwanderungsproblematik, Klischees und Alltägliches aus dem Leben eines Wiener, der auch türkisch spricht und sich in beiden Kulturen auskennt. Spannend, lustig und vor allem auch zum Nachdenken!

STADTSAAL

Mariahilfer Straße 81 | www.stadtsaal.com

Kabarettliebhaber werden sich im Stadtsaal wohlfühlen, denn hier findet man fast täglich Kritisches, Politisches aber vor allem Witziges. Neben Programmen von verschiedensten Kabarettisten finden zwischendurch auch immer wieder Konzerte statt. Wer früh genug dran ist, der kann den Stadtsaal sogar für private Veranstaltungen mieten. Der frühe Vogel fängt hier ohnehin den Wurm, denn wer die Vorverkauftickets kauft, erhält 10% Rabatt!

THEATER AN DER GUMPENDORFER STRASSE

Gumpendorfer Straße 67 | www.dastag.at

Das TAG, wie es liebevoll genannt wird, ist ein mittelgroßes Theater und bietet Platz für etwa 50 bis 200 Personen. Pro Saison werden drei bis fünf Eigenproduktionen mit dem fixen TAG-Schauspieler-Ensemble aufgeführt und mit Gastspielen ergänzt. Die Themenbereiche sind vielfältig und abwechslungsreich, aber mit Sicherheit kreativ inszeniert und sie halten die Zuschauer bei Atem. Besonders zu empfehlen ist das sonntägliche Improtheater: Hier wird man als Gast aktiv miteinbezogen. Ganz großes Theater!

THEATER AN DER WIEN

Linke Wienzeile 6 | www.theater-wien.at

Egal ob Oper, Konzerte, Tanz und Musical - mit dem Theater an der Wien hat unsere schöne Stadt ein Opernhaus, das offen für ein abwechslungsreiches Programm ist und durch seine Besetzung auch der Qualität stets treu bleibt. 1801 wurde es erbaut und seither hat sich viel getan. Eine junge Aufmachung und monatlich neue Premieren machen das Theater interessant und die Zuschauer neugierig. Und wer sich mit dem Theaterfieber infiziert hat, dem sei ein Abo zu empfehlen, bei dem sowohl Sitzplatzwahl und Kartenpreis stark begünstigt sind!

TOPKINO

Rahlgasse 1 | www.topkino.at

Ob das Topkino in erster Linie Kino oder doch eher Bar ist, ist manchmal gar nicht so leicht zu sagen. Fakt ist, dass hier interessante Filme abseits von Hollywood Blockbustern und hintergrundlosen Romanzen gezeigt werden. Trotzdem gestaltet sich das Programm. Vor, nach und auch während der Filme verwöhnt die Topküche mit kleinen Speisen, Tagestellern und allerlei Getränken. Da sitzt man dann und diskutiert über Gesehenes, oder man sitzt einfach und genießt das Leben.

FÜR KÖRPERBEWUSSTE

Ob man nun in der Sauna im Wellnessparadies schwitzt oder doch beim Sporteln im Fitnessstudio - das macht dann doch auch keinen so großen Unterschied mehr, oder? Naja, ein bisschen vielleicht, aber keine Panik auf der Titanic - wir haben ja sowohl als auch nur für euch aufgelistet!

CROSSFIT ACE

Blümelgasse 1 | www.crossfitace.at

Crossfit treibt euch an die Grenzen - das muss euch klar sein. Hier wird Ausdauer und Kraft auf die Probe gestellt und zwar mit einem Teamgeist und einer Motivation, die man sonst eben nur aus dem Teamsport kennt. Tatsächlich trainiert bei Crossfit aber jeder sich selbst und für sich selbst - aber gemeinsam mit anderen. Crossfit ACE steht für „achieve constant effects" und so sollte der Körper sich auch entwickeln. Das Studio direkt am Esterházypark hat täglich geöffnet und es finden schon ab 7:00 Uhr morgens Trainingseinheiten statt. Die Schwerpunkte in den Einheiten variieren, je nach Stärke oder Schwierigkeitsgrad. Aber egal, wo man anfängt, bei ACE ist die Motivation weiter zu kommen ganz bestimmt da!

HOT YOGA VIENNA

Gumpendorfer Straße 63C | www.hotyogavienna.at

Wer findet, Yoga ist entspannend und ganz und gar nicht schweißtreibend, der sei eines Besseren belehrt. Denn bei Hot

Yoga wird der Schweiß ganz bestimmt aufkommen. Die Räumlichkeiten des Studios in der Gumpendorfer Straße werden für die einzelnen Sessions auf 30-38°C erwärmt und somit betreibt man die Yogaübungen in konstanter Hitze. Das hat den Effekt, dass sich Muskeln und Sehnen leichter entspannen und besser dehnen lassen, der Kreislauf intensiv angeregt wird und durch das Schwitzen Entschlackung stattfindet.

IN GOOD SHAPE

Lehárgasse 3a | www.ingoodshape.at

Jennifer Lopez, Bar Refaeli, Mark Wahlberg… you name it. Ganz Hollywood und ausnahmslos alle Profisportler und Vereine schwören auf TRX. Ursprünglich für die Navy Seals entwickelt, wurde das nicht-elastische Seilsystem zu DEM Trendsportgerät. Aus gutem Grund, denn TRX ist ein Univer-

In good shape (c) In good shape

saltalent und bringt schnelle Erfolge, egal wie fit ihr seid. Wir sind begeistert! In good shape bietet TRX übrigens auch für Unternehmen an. Auf was wartet ihr noch? Ab in die Seile!

ISC FITNESSCENTER

Mariahilfer Straße 47 | www.isc-gym.at

Das International SportsCenter liegt direkt an der Mariahilfer Straße und ist somit gut an die Öffis angebunden und leicht erreichbar. Auf mehreren Etagen sind verschiedenste Geräte untergebracht. So zum Beispiel im Untergeschoss eine Vielzahl an Ausdauergeräten, teilweise mit integrierten Bildschirmen, sodass man neben dem Trainieren gleichzeitig das TV-Programm nutzen kann. Preislich liegt man im unteren Mittelfeld - also auch für Studenten eine perfekte Adresse! Hier kann außerdem bis 22:00 Uhr abends trainiert werden - i find des super!

KANGMEI MASSAGE

Hofmühlgasse 6 | www.kangmeimassage.at

Es gibt mittlerweile schon zwei Standorte der Kangmei Massage, denn traditionelle asiatische Massagekunst kommt in Wien gut an. Von Fußreflexzonenmassage über Schröpfen bis hin zu traditionellen Methoden wie Tuina oder Nuad kann man sich hier verwöhnen lassen. Tuina gilt als Mischung aus Chiropraktik und Akupressur, währen Nuad als „passives Yoga" den Körper dehnt. Die Massageeinheiten können einzeln oder zu zweit besucht und von montags bis freitags bis 22:00 Uhr in Anspruch genommen werden.

KLETTERZENTRUM FLAKTURM

Fritz-Grünbaum-Platz 1 | www.flakturm.at

Der alte Flakturm aus Zeiten des Zweiten Weltkrieges wurde nicht nur als Haus des Meeres erfolgreich umfunktioniert, sondern dient begeisterten Kletterfreunden auch als Trainings- und Übungswand für den ein oder anderen Höhenrausch. Die 34 m hohe Seitenwand des Flakturms wurde mit 4000 Griffen ausgestattet und ermöglicht somit einen Aufstieg über 20 verschiedene Routen. Der Schwierigkeitsgrad variiert je nach Route und die Wand bleibt durch die Möglichkeit, auch unter dem Dachvorsprung vorbei zu klettern, herausfordernd. Für Kinder steht außerdem eine Boulderwand zur Verfügung.

MINUSPLUS

Gumpendorfer Straße 20 | www.minusplus.company

Drei Friseursalons hat das minusplus-Netzwerk in Wien - einen in der Lindengasse 27, einen in der Kirchengasse 22 und einen in der Gumpendorfer Straße 20. Alte Hasen kennen die minusplus-Salons noch unter dem Namen „Less is more", jenem Namen, den die in allen Salons verwendete Bio-Haarpflegeserie trägt. Statt Chemie kommen hier nämlich nur duftende Pflanzenöle, Kräuter und Sheabutter in die Haare. Neben den hochwertigen Pflegeprodukten sei auch erwähnt, dass bei minusplus echte Profi-Stylisten am Werk sind. Es empfiehlt sich, Haarschnitte vorher online zu buchen!

SCHNEIDERAUM

Lehárgasse 3A, Eingang Millöckergasse | www.schneideraum.at

Beim Schneideraum handelt es sich nicht etwa um ein Filmstudio, sondern um einen Top-Friseur im Sechsten. Freundlich und kompetent wird man hier empfangen, das moderne Interieur in gedeckten Farben trägt zum entspannten Wohlbefinden bei. Was die Haarschnitte betrifft, so bietet man im Schneideraum etwas ganz Besonders: den Clip-In-Pony. Wer keinen „echten" Pony riskieren will, kann sich von der Schneideraum-Stylistin einen abnehmbaren aus Echthaar anfertigen lassen - passend gefärbt, geschnitten und gekonnt ins Haar geklippt sieht man keinen Unterschied!

STUFENSCHNITT

Theobaldgasse 13 | www.stufenschnitt.com

Die alte Frisur ödet dich schon an? Du hast Lust auf etwas ganz Neues? Dann ab zu stufenschnitt. Ob gewagte Sidecuts, wallende Locken oder ein adrett gepflegter Bart, hier bekommt man alles hin. Auch für zerstörte Haare gibt es Rettung: Sie werden mit Joico-Haarpflegeprodukten und viel Liebe wieder in Schwung gebracht. Bei sämtlichen Schnitten zahlen Ladies und Gentlemen nach Aufwand und Haarlänge, nicht nach Geschlecht - ein fairer Zug, wie wir finden! Tipp: Die facebook-Seite von stufenschnitt informiert laufend und unterhaltsam über neue Produkte und Aktionen.

MARIAHILF GENIESSEN

Weil eine Stadterkundung oft mehr ein Entdecken der ansässigen Geschäfte und Lokale ist, widmet sich folgender Teil des Buches allen wunderbaren Beisln, Bars und Gschäftln, die man in Mariahilf so finden kann. Sehet und Staunet, denn da ist ganz schön was los!

LOKALFÜHRER

Morgens, mittags, abends, nachts - haben wir diesmal in Mariahilf verbracht. Und alles durchgetestet, was der schöne Sechste so zu bieten hat. Vom Naschmarktlokal bis zum traditionellen Beisl - kein Wunsch bleibt offen, wenn man hier auf eine kulinarische Reise geht.

ADDICTED TO ROCK STORE

Getreidemarkt 11 | www.addicted.at

Essen und trinken und das am Besten wie ein Rockstar. Das Addicted to Rock am Getreidemarkt vereint Fashion, Accessoires, Interieur und Bar und macht den Store zu einem wahren Rocktempel. Der Concept-Store im hinteren Teil des Lokals hat nur tagsüber geöffnet, jedoch der vordere Bereich dient als Bar und Bistro und kann bis spät in die Nacht besucht werden. Hier ist auch meist etwas los und die Barhocker und Sofas sind schnell besetzt. Die Getränkekarte verspricht rockige Cocktails und wer Hunger hat, darf den Innviertler Knödeln und der Waldviertler Pasta fröhnen.

AJ'S AMERICAN DINER

Gumpendorfer Straße 63A | www.ajsamericandiner.com

Lust auf Burger, Hot Dogs und Fries? Ja, aber bitte the American way? AJ's American Diner gibt es schon seit 2007 in der Gumpendorfer Straße und dort wissen sie, was sie tun. Hier wird das Beef Patty frisch zubereitet, es werden

österreischische Zutaten verwendet und die Gerichte mit internationalen Spezialitäten wie Jalapenos verfeinert. Die Spezialitäten werden auch geliefert und können täglich bis 23:00 Uhr bestellt werden.

AUX GAZELLES

Rahlgasse 5 | www.auxgazelles.at

Das Aux Gazelles ist Luxus für die Sinne. Es ist sowohl Restaurant und Club als auch Hammam und Beauty Salon. Küche und Architektur sind von einer Mischung aus europäischen und nordafrikanischen Einflüssen geleitet und verzaubern auf allen Ebenen. Mittags kann man zwischen Tajine und Salaten das Lunch-Buffet genießen, abends wird fein diniert und nachts im Club getanzt. Vor allem für Ganzkörpergenießer ist jedoch auch das (bis 22:00 Uhr geöffnete!)

Hammam eine entspannende Alternative.

BENJAMINIS

Gumpendorfer Straße 16 | www.benjaminis.at

Klassisch, modern, hochqualitativ und mit einer Reihe an guten Weinen ausgestattet. Das Benjaminis überzeugt durch Qualität und Klarheit und ist der perfekte Ort für einen hochkarätigen Abend. Besonders die Tagesmenüs zahlen sich hier aus! Auf der Speisekarte steht haupstächlich Fleisch, jedoch nicht in der gewohnt österreichisch-böhmischen Form, sondern delikat und mediterran. Und wenn man am richtigen Abend kommt, verwöhnt ein Pianist zusätzlich noch die Ohren.

BRASS MONKEY

Gumpendorfer Straße 71 | www.brassmonkeyvienna.com

Wahren Kaffee- und Cupcake-Kennern ist das Brass Monkey in der Gumpendorfer Straße schon längst ein Begriff. Denn was hier an kreativ-köstlichen Wahnsinnigkeiten kreiert wird, ist schwer zu überbieten. Ob unverschämt bunt und üppig dekorierte Torten, fabulöse experimentelle Croissant-Cupcakes oder vegane Waffelspezialitäten - hier wird jedes Schleckermaul fündig.

CAFÉ AKRAP

Königsklostergasse 7 / Ecke Theobaldgasse | www.akrapcoffee.com

Direkt verbunden mit dem angrenzenden Feinkoch und nur eine Seitenstraße von der Mariahilfer Straße entfernt, befindet sich das Akrap. Hier kann man sich ganz außerordentlich hochwertigen Kaffeegenüssen hingeben. Sechs verschiedene Sorten sind im Sortiment und werden selbst geröstet und auch hier vertrieben. Wem also der Espresso geschmeckt hat, der darf sich dann gleich eine Packung Bohnen für zu Hause mitnehmen. Im Sommer öffnet sich die Tür nach draußen und es entsteht ein kleiner, gemütlicher Schanigarten. So lässt es sich leben!

CAFÉ DRECHSLER

Linke Wienzeile 22 / Girardigasse 1 | www.cafedrechsler.at

Der leuchtende Schriftzug über dem Lokal kündigt unverändert das Café Drechsler bei vorbeiwandernden Touristen und vor allem bei heimwandernden Nachtschwärmern an. Seit 2007 erstrahlt es in neuem (modernem) Wiener Glanz, doch das Publikum ist ihm treu geblieben und so ist das Drechsler immer noch, auch bis spät in die Abendstunden, gut besucht. Sympathisch und wienerisch, aber doch modern und immer offen, präsentiert sich das Café Drechsler. Ein Stück Wien, das hoffentlich noch lange in Ehren gehalten wird.

CAFÉ IM RAIMUNDHOF

Mariahilfer Straße 45 | www.cafe-im-raimundhof.at

Auch wenn der Name es vielleicht vermuten lassen würde, mit einem Alt-Wiener Kaffeehaus hat das Café im Raimundhof kaum etwas zu tun. Stattdessen wartet eine helle, alternative Wohnzimmeratmosphäre, bunt zusammengewürfeltes Interieur und ein netter Innenhof auf die Gäste. Die Speisenauswahl ist zwar auf kleinere Snacks beschränkt, dafür schmeckt der Kaffee aber köstlich und die Stimmung ist so entspannt wie selten in so unmittelbarer Nähe zur Mariahilfer Straße. Immer wieder gibt es im Café im Raimundhof auch Veranstaltungen musikalischer und kultureller Art.

CAFÉ KAFKA
Capistrangasse 8

Ein Klassiker, so alt und heimelig, dass es inzwischen schon wieder hip ist, hier einzukehren. Das Café Kafka hat das Flair eines Künstlertreffs und die Küche einer Bobo-Bar. Hier wird für Veganer und Vegetarier, für Dichter und Denker gesorgt. Die Atmosphäre ist unschlagbar und die kleinen Räumlichkeiten sind regelmäßig gut gefüllt. Besonders, wenn die eine oder andere Veranstaltung ansteht.

CAFÉ PIERRE
Windmühlgasse 32 / Ecke Barnabitengasse | www.cafepierre.at

Pierre ist ein Franzose. Er mag gerne Galettes und Quiche und bestellt sich nachmittags eigentlich fast immer eine

Barnabitengasse

Crêpe. Am Abend ist Pierre aber auch offen für einen gemütlichen Drink auf der Terrasse, blickt mit Vergnügen hinüber zum Haus des Meeres und beobachtet die Menschen. Pierre steht am Morgen frühestens um 10:00 Uhr auf und gönnt sich dann ein ausgiebiges Frühstück vom Buffet. Am allerliebsten aber lässt Pierre das französische Lebensgefühl auf sich wirken und schlürft einen Cappuchino. Wer möchte nicht einmal Pierre sein?

CAFÉ RITTER

Mariahilfer Straße 73 | www.caferitter.at

Das letzte Stück wahrer Kaffeehaustradtition auf der Mariahilfer Straße: „das Ritter". Seit 1867 kennt man den Namen schon, wenn auch die eleganten Herren Ober und die traditionellen Kaffeespezialitäten zu frühreren Zeiten an diesem Standort noch keine Besonderheit gewesen sein mögen. Heute sind sie jedoch eine willkommene Abwechslung zwischen Shopping- und Fußgängerzonen-Stress. Denn schließlich braucht jeder wahre Wiener auch einmal etwas anderes als Szenelokale und einen Coffe-to-go. Zurück zum Ursprung also!

CAFÉ SAVOY

Linke Wienzeile 36 | www.savoy.at

Große Spiegel zieren die Wände, Lederbezüge die Sitze und Wandmalereien die Decke. Hier geht es altehrwürdig zu und alles ist so, wie es immer war. Aber was das Café Savoy neben der einzigartigen Wiener-Kaffeehaus-Stimmung zu etwas Besonderem macht, das sind seine Gäste. Hier versammelt sich die Schwulenszene Wiens und in den großen Spiegeln sieht man glückliche Pärchen und schwule charmante Kellner. Alle sind willkommen in diesem Edel-Etablissement, das wie eine Mischung aus Alt-Wiener Kaffeehaus und einem Palast aus 1001 Nacht wirkt.

CAFÉ SPERL

Gumpendorfer Straße 11 | www.cafesperl.at

Man könnte sich die Gumpendorfer Straße nicht ohne Café Sperl vorstellen. Kein Wunder, das Sperl gibt es immerhin schon seit 1880. Direkt neben dem Semper Depot und in naher Umgebung des Theater an der Wien, hat es den Ruf gerne von Künstlern und Literaten aufgesucht zu werden. Tatsächlich findet man hier weniger Touristen als sonst wo und wenn die Sonne gut drauf ist, dann kann man im Schanigarten vor dem Café ein bisschen „Leute schaun" - so wie man es im Wiener Kaffeehaus eben macht.

CHIMBISS

Nelkengasse 1 | www.chimbiss.at

Der Imbiss punktet mit verschiedensten Attributen. Zuallererst ist die Lage zwischen Mariahilfer Straße und Haus des Meeres äußerst günstig und daher schnell erreichbar für einen Mittagssnack. Dass dieser Mittagssnack dann noch dazu vollwertig und hausgemacht ist, macht die Sache gleich noch viel besser. Dazu kommt, dass das moderne Interieur sehr anspricht. Eine Mischung aus Almrausch, Natur, Design und Wiener Charme. Bei Bedarf werden die Köstlichkeiten auch per Rad geliefert!

CORNS'N'POPS MÜSLIPARADIES

Gumpendorfer Straße 37 | www.cornsnpops.com

Müsli zum Frühstück? Nein, Müsli jederzeit! Und in allen Variationen. Denn im Corns n' Pops Müsliparadies gibt es von Nüssen über Körner und Knuspermischungen alles, was das Müsliherz begehrt. Entweder man genießt gleich im Lokal, mischt sich die einzelnen Zutaten selber zusammen und bestellt sich einen Kaffee dazu, oder man kommt zum Einkaufen und nimmt sich seine fertige Müslimischung mit in die eigenen vier Wände. Das Sortiment wird mit hausgemachtem Kuchen und verschiedensten Mittagsgerichten erweitert. Mahlzeit!

DOWN UNDER

Magdalenenstraße 32 | www.downunder.at

Pubs gibt es in Wien viele, und beinahe an jeder Straßenecke prangt ein Guinness-Schild. Was man dabei fast vergessen könnte ist, dass auch andere Länder als bloß Irland eine Pubkultur aufzuweisen haben – und genau davon kann man sich im Down Under überzeugen. Das Aussie Pub lockt mit vielen Bieren, einen über 100 Jahre altem Partykeller, der mit Wuzzlern und Dart ausgestattet ist und des Öfteren für Konzerte genutzt wird.

DO-AN

Naschmarkt Stand 412-415 | www.doan.at

Im Do-An wird kulinarisch nichts ausgelassen. Vom frischen

Sommersalat über die gegrillten Kalamari bis zum Lammkotelett findet man hier alles auf der Speisekarte. Wer am liebsten lange oder spät frühstückt kommt auch auf seine Kosten, denn Frühstück gibt es bis 16:00 Uhr. Die Zutaten stammen frisch vom Markt, wie es sich eben für ein Naschmarkt-Lokal gehört und die Plätze sind beliebt und daher schnell belegt.

DOWNSTAIRS

Theobaldgasse 15 | www.downstairs.at

Dort wo die Fillgraderstiege Downstairs führt, warten Cocktails, Billiard und viele gesellige Abende. Die Cocktailbar lockt nämlich schon seit 1996 mit frischen Drinks und Happy Hour-Angeboten. Die Preise sind immer fair und ganz und gar nicht versnobt, so wie man es aus manchen anderen Cocktailbars allzu gut kennt. Noch dazu stehen reichlich Billiardtische zur Verfügung, die ganz unkompliziert gemietet werden können.

EIS GREISSLER

Mariahilfer Straße 33 | www.eis-greissler.at

Eiscreme, für die sich Schlangestehen auszahlt. Als im April 2011 der erste Eis Greissler in der Rotenturmstraße eröffnet wurde, konnte man kaum eine Stunde finden, wo die Schlange nicht bis zum nächsten Häuserblock reichte. Zum Glück gibt es mittlerweile auch auf der Mariahilfer Straße schon einen Eis Greissler, wo Eissorten wie Ziegenkäse, Kürbiskernöl oder Alpenkaramell auf Eisliebhaber warten. Hergestellt werden die Genüsse in Krumbach in Niederösterreich und mit biologischen Zutaten „vom Lande". Einige

Sorten werden auch als vegane Kreationen angeboten. Kein Wunder, dass die Schlange nie abreißt - beim Eis Greissler schmeckt das Eis einfach herrlich!

EISSALON JOANELLI

Gumpendorfer Straße 47

Nein, wir werden jetzt nicht das Vanilleeis empfehlen, denn dieses Lokal ist schon seit längerem kein Eissalon mehr, sondern eine hippe Bar mit einer guten Auswahl an Bieren und Weinen. Das muss man Joanelli jedoch lassen: Früher war hier tatsächlich ein Eissalon und auch heute gibt es noch hausgemachte Eiscreme. Dennoch wird man hier eher abends Gäste antreffen und sich mitten in der jungen, hippen Szene, wie man sie eigentlich aus Berlin kennt, wiederfinden.

FINKH

Esterházygasse 12 | www.finkh.at

Die steile Esterházygasse hält ein Schmankerl bereit, das es zwar schon mehrere Jahre gibt, jedoch noch immer ein Geheimtipp geblieben ist. Das Restaurant Finkh, das unscheinbar und eher schlicht ins Innere lockt. Hier werden traditionelle österreichische Gerichte, vermischt mit gesunden Ideen, serviert. Das Ambiente ist sehr offen und im Sommer kann man auch im Schanigarten vor dem Lokal sitzen.

PIZZERIA FRASCATI

Barnabitengasse 3 | www.pizzeria-frascati.com

Ein klassischer Italiener, wo die Einrichtung ganz der italienischen Flagge entsprechend in grün, weiß und rot gehalten ist, die Pizza angenehm groß serviert wird und die Kellner mit italienischem Charme aufwarten. Die Pizzeria nimmt mittlerweile einen guten Teil der unteren Barnabitengasse ein und bietet mit Kellergewölbe und Schanigarten Platz für über 350 Personen. Gleich nebenan gibt es das Frascati-Eis in der Gelateria und die Bar Blue Lagoon zählt sich auch zum Frascati-Imperium.

FUTUREGARDEN

Schadekgasse 6

Eine lässige Bar, wo man offen mit allen Gästen und ihren Facetten umgeht. Jeder ist willkommen, jeder darf genießen und jeder kann hier einen guten Abend verbringen. Auf der Karte stehen Bargetränke und gute Musik und im Sommer ein kleiner, auf dem Gehsteig befindlicher, Schanigarten. Und weil diese Bar nicht nur den Gästen gegenüber offen ist, ist das Futuregarden auch immer wieder gerne Host einer Lesung, einer Kunstausstellung oder anderer netten Veranstaltungen. Hingehen, wohlfühlen und Abend genießen!

FORMOSA

Barnabitengasse 6 | www.formosa.at

Die perfekte Anlaufstelle für Veganer und Vegetarier, die noch dazu gerne asiatisch essen. Im Formosa in der Barnabitengasse wird die fleischlose Kochkunst beherrscht, wie fast sonst nirgends in Wien. Es bleibt aber nicht nur bei den Speisen im Lokal, direkt nebenan befindet sich der Formosa

Supermarkt, wo vegetarische und vegane Zutaten für eigene Kochversuche gekauft werden können. Eine Vielzahl an Sojaprodukten, Fleisch- und Fischersatz in allen Varianten sowie veganen Süßigkeiten kann man hier finden und erwerben.

HAFENJUNGE

Esterházygasse 11 | www.hafenjunge.com

Moin Moin und Ahoi ihr Seefahrer! Beim Hafenjunge dreht sich alles um die schöne Hansestadt im Norden unseres deutschen Nachbarlandes. Da gibt es Fischerbrötchen, Astra und eben eine Spur Nordwind. Neben Kneipe, ist das Lokal aber auch ein kleiner Shop für schöne Dinge, die zum Wasser passen und außerdem eine Grafik-Agentur. Alle, die Hamburg lieben, lieben den Hafenjungen und alle in Wien sollten ihn auch lieben, denn es ist ganz einfach wundervoll hier.

Esterházygasse

DAS HANIL

Gumpendorfer Straße 14 | www.hanil.at

Seit der Verwandlung vom Running-Sushi-Lokal zum koreanisch-japanischen Restaurant hat sich im Hanil auf der Gumpendorfer Straße einiges getan. Zwar nicht in Bezug auf das Interieur, das immer noch an die 1980er-Jahre erinnert, dafür aber in Bezug auf die Speisen. Sehr zu empfehlen ist etwa das koreanische „Feuerfleisch" Bulogi. Dieses traditionelle Gericht aus mariniertem Fleisch wird vom Gast selbst am Tischgrill gebraten! Tipp: Bequeme können sich die Speisen und Sushi nach Hause bestellen. Geliefert wird in die Bezirke 12-16 sowie in den 23.

HASE UND IGEL

Theobaldgasse 16 | www.haseundigel.at

Bewusstes und gesundes Essen kochen, das hat man sich im Hase und Igel vorgenommen. Das Buffet verspricht daher täglich ein anderes Gericht und immer eine passende Suppe dazu. Da isst man wie zu Hause. Wer lieber zu Hause die Köstlichkeiten geniessen möchte, kann von dem Cateringangebot von Hase und Igel Gebrauch machen. Da gibt es dann Gustostückerl in kleine Häppchen verpackt!

IF DOGS RUN FREE

Gumpendorfer Straße 10 | www.ifdogsrunfree.com

Nur ein dunkler Raum, minimalistisch eingerichtet mit dunklen Stühlen und Tischen und am hinteren Ende des Lokals eine Bar. Hinter dem Ausschank geht es dann ganz und gar nicht mehr minimalistisch zu, denn welche Cocktailgenüsse man im If dogs run free bestellen kann, ist wirklich beeindruckend! Vor allem Geschichten umwobene Klassiker stehen am Programm. Da bekommt ein Old Fashioned plötzlich noch mehr Charme und der Classic Margarita war noch nie so sexy!

RESTAURANT KANG

Naschmarkt Stand 974

Genug vom Naschmarkt-Bummeln, weil der Magen knurrt? Das kleine Standl-Chinarestaurant Kang mitten am Naschmarkt schafft Abhilfe. Neben den günstigen Tagesmenüs wird eine umfangreiche Auswahl an klassischen asiatischen Speisen geboten. Abseits der obligaten Sushis, Makis, Nudel- und Reisgerichte kocht das Restaurant Kang auch immer wieder Spezialgerichte. Fazit: Ein nettes, familiäres Lokal ohne unnötigen Schick, dafür aber mit guter und preiswerter asiatischer Küche.

KEKE'S

Amerlingstraße 15 | www.kekes.at

Das Keke's in der Amerlingstraße ist ein langgezogenes Lokal mit einem schmalen Eingang und mehr Innenraum, als man vielleicht zuerst denken möchte. Die Bar hat sich der afro-karibischen Lebensart verschrieben und auch die Speisekarte hat sich teils von diesen Einflüssen inspirieren lassen. Das Frühstücks- und á la carte-Angebot begrenzt sich auf einige wenige Speisen, die dafür aber umso besser sind. Ab und zu begeistern Live-Acts (wiederum passend zum afro-karibischen Stil) und schon ist es fast so, als spüre man eine leichte Meeresbrise.

KUISHIMBO

Linke Wienzeile 40

Ein wahres japanisches Lokal. Und zwar ohne Sushi und Schnickschnack, sondern mit traditionellen Reis- und Nudelgerichten wie Onigiri oder Yakisoba oder japanischen Suppen wie Donburi. Das Lokal bietet kaum Platz für fünf Personen - es ist also eher ein Take-Away und Theken-Lokal. Falls man da nicht gleich dran kommt, zahlt sich das Warten jedoch aus. Die Besitzer geben gerne Auskunft über ihre Speisen und wissen als Japaner auch definitiv wovon sie reden.

MAMA LIU & SONS

Gumpendorfer Straße 29 | www.mamaliuandsons.at

Die Mama hat schon immer am besten gewusst, wie man gut kocht. Und ganz besonders Mama Liu, die in dem chinesischen Lokal für die Kulinarik zuständig ist. Ihre beiden Söhne übernehmen dafür alles andere und machen das auch wirklich sehr gut. Das Ergebnis ist ein hippes, chinesisches Lokal, wo neben Suppen und Sommerrollen auch Bargetränke und saisonale Spezialitäten nicht fehlen. Einrichtung und Atmosphäre sind modern und hochwertig und der Hype rund um Familie Liu ist absolut berechtigt. Schnell Plätze sichern!

MAMSELL

Gumpendorfer Straße 31-33 | www.mamsell.at

Nora Kreimeyer heißt das kochende Herz und Hirn des kleinen Lokals Mamsell, das sich in der St. Charles Alimentary in der Gumpendorfer Straße befindet. Sie kocht und bewirtet alle Gäste selbst und gibt bei Interesse auch Kochkurse. Das Angebot reicht vom vegetarischen Mittagsmenü bis zu hausgemachten Kuchen und Chutneys, die im Lokal zum Verkauf stehen. Nora Kreimeyer kocht biologisch, hochwertig und vor allem mit viel Leidenschaft. Ein Besuch bei der Mamsell zahlt sich definitv aus!

MAREA ALTA

Gumpendorfer Straße 28 | www.mareaalta.bplaced.net

Das Marea Alta „ist keine Schwulenbar", wie auch auf der Homepage selbst geschrieben wird. Es ist eine Bar für Menschen, die sich der Queerszene zugehörig fühlen und alle, die ihr offen gegenüber stehen. Gegründet wurde sie speziell für die lesbische Immigrantinnen, heute hat sie sich zu einem Treffpunkt für die Szene entwickelt. Im Marea Alta finden regelmäßig Events statt, wo man sich als Gast auch kostümtechnisch immer wieder neu erfinden darf.

MIRANDA BAR

Esterházygasse 12 | www.mirandabar.com

Noch gar nicht so lange geöffnet, aber jetzt schon bestens in das Gefüge der Esterházygasse integriert und kaum mehr wegzudenken. Die Miranda Bar, die mit Schanigarten, frischen Getränken und noch besseren Cocktails Gäste anlockt, ist sowohl drinnen als auch draußen sehr gemütlich. Ein bisschen retro, modern und vor allem freundlich geht es hier zu. Schnell ausprobieren!

MONAMI

Theobaldgasse 9/1a | www.monami.at

Eigentlich ist das Monami eine Bar mit Getränken und guter Stimmung, jedoch auch eine Bühne. Vor allem, wenn man Lust auf junge Musik und Poetry Slams hat, dann geht man ins Monami. Dass die Bar aber auch so eine Art Co-Working-Space ist, wissen jedoch die wenigsten. Ganze drei Stockwerke werden hier von verschiedensten Start-Ups und Unternehmer als Arbeitsräume genutzt und somit ist die Gruppe der „Mon-Amigos", wie sie sich gerne nennen, viel größer als man glaubt.

NAT'NAA

Esterházygasse 31 | www.natnaa.at

Vegetarisch, vegan, gesund und biologisch. Aber nicht nur das - im Nat'naa werden jamaikanische und äthiopische Gerichte serviert. Im Mittelpunkt steht der „Catch of the day", ein täglich wechselndes Eintopfgericht. Zur Auswahl stehen auch Salate, jamaikanische Mürbteigtaschen oder gesunde Smoothies. Der Kaffee kommt aus der Blue Mountain Region in Jamaika und Superfoods sind hier in nicht nur einem Gericht vertreten. Das Nat'naa ist für alle, die Gesundes und Hausgemachtes lieben und noch dazu etwas Neues ausprobieren wollen, genau die richtige Adresse.

NATSU

Gumpendorfer Straße 45

Das Natsu ist kein High-End Restaurant, aber das wissen die meisten und versteht sich auch von selbst, wenn man die eher puristische Einrichtung bewundert. Aber dafür gibt es bei Natsu unschlagbar günstiges Sushi und daher auch eine dementsprechende Umschlagsmenge, was wiederum zu immer frischen Zutaten führt. Das Lokal in der Gumpendorfer Straße ist eines von drei Natsu Restaurants in Wien und ist vor allem für eine Shopping- oder eine schnelle Mittagspause perfekt geeignet. Wer mag, kann alle Gerichte auch als Take-Away bestellen.

NASCHMARKT DELI

Naschmarkt Stand 421–436 | www.naschmarkt-deli.at

Vis á vis vom Café Drechsler auf der Linken Wienzeile bildet das Deli das soziale Herz des Naschmarkts, an dem man sich nach einem ausgiebigen Naschmarktbummel zum verlängerten Frühstück oder auf einen anderen kulinarischen Leckerbissen trifft. Gerade in den Sommermonaten ist das Deli der „In-Spot„ zum Sehen und Gesehen werden. Und wenn dann auch noch die DJs spielen oder ein kleiner Live-Act angesagt ist, dann rückt man schon auch einmal enger an den Tischen und an der Bar zusammen, denn die Plätze sind schneller weg, als man "Deli„ sagen kann.

NENI AM NASCHMARKT

Naschmarkt 510 | www.neni.at

NENI kennt man. Und zwar schon weit über die Naschmarkt-Grenzen hinaus. Nach Kooperationen mit SPAR und der Eröffnung eines Ablegers im 25 hours Hotel in Berlin haben es die NENI Produkte in die Haushalte und die orientalischen Gerichte in die Berliner Herzen geschafft. Und in den Wiener Herzen schätzt man das Lokal am Naschmarkt sowieso schon lange. Denn wer Hummus, Falafel und ausgefallene Pita- und Salat-Variationen mag, der muss NENI einfach lieben.

PIZZERIA NERONE

Theobaldgasse 13

Unweit der Mariahilfer Straße in ruhiger Seitengassenlage finden Freunde der italienischen Küche ihren Meister: die alteingesessene Pizzeria Nerone. Schon die Fassade grüßt in den Nationalfarben von Bella Italia, das eher kleine Innere ist gemütlich-rustikal gestaltet und erinnert an ein sizilianisches Beisl. Hat man einmal ein Stück der großen, delikat belegten Pizza im Mund, fühlt man sich endgültig wie im Urlaub. Auch Pasta und Desserts können sich hier sehen und vor allem schmecken lassen!

NICE RICE

Mariahilfer Straße 45/49 im Raimundhof | www.nicerice.at

Persische Küche, vegetarische Spezialitäten, viel Kulturaustausch und vor allem eine ruhige Oase auf der Mariahilfer

Straße. Das nice rice befindet sich im Raimundhof, dem Durchgang zwischen Mariahilfer Straße und Windmühlgasse. Persische Küche bedeutet, dass mit vielen Gewürzen, ayurvedischem Einschlag und außerdem auch gerne vegetarisch gekocht wird. Vom Frühstück bis zum Abendessen findet man sich hier bestimmt etwas Gutes - nur der Platz, der ist beschränkt auf einige wenige Personen.

ON-MARKET

Linke Wienzeile 36 | www.on-market.at

Exzellente asiatische Speisen werden im ON-Market serviert, das sich an der Linken Wienzeile - also mehr oder weniger direkt am Naschmarkt - befindet. Die Speisekarte reicht von ausgefallenen Nudel- und Reisvariationen über seltene Fleischgerichte bis zum hochwertigen Sushi. Hier wird aber nicht nur exzellent aufgekocht, auch das Ambiente überzeugt. Modernes Design, eine großzügig ausgelegte Bar und unkompliziert aneinander gereihte Tische und Stühle gegenüber besagter Bar ergeben eine asiatisch-wienerische Kombi, die Gefallen findet.

ORIENT-OCCIDENT

Naschmarkt Stand 671 | www.orientoccident.at

Das Orient-Occident verbindet sowohl im Namen als auch in der Durchführung das Morgen- mit dem Abendland. Die Speisekarte hält nämlich sowohl orientalische Klassiker, wie Köfte oder Falafel, als auch heimische Klassiker, wie das Kalbschnitzel oder Wiener Frühstück bereit. Das Lokal selbst ist so, wie man es vom Naschmarkt gewohnt ist. Im Sommer wird gerne draußen gesessen und die Glasfronten vom Lokal werden geöffnet. Hier verschmelzen die Kulturen und das auf sehr gekonnte Weise.

PHIL

Gumpendorfer Straße 10 - 12 | www.phil.info

Phil kann man zu diesem Lokal sagen. Ins phil kommt man zum Verweilen. Viele Bücher, gute Speisen, gemütliche Atmosphäre – Bobo Café in höchstem Stil. Ganz toll ist auch, dass man die gemütlichen Sitzgelegenheiten auch mitnehmen, also kaufen, kann. Und nicht nur das – auch Bücher. Bei den regelmäßig stattfindenden Lesungen bekommt man einen ganz guten Eindruck von dem, was so angeboten wird. Das phil ist definitiv ein Ort für einen gemütlichen Kaffeehaus-Tag.

PUFF - DIE BAR

Girardigasse 10 | www.puff-bar.at

Der Name hat schon seinen Grund, denn die Cocktailbar „Puff" war früher tatsächlich einmal ein Puff. Auch die Atmosphäre erinnert noch ein bisschen an frühere Zeiten und das rote Licht, die ledernen Sitzbänke und die Spiegel an den Wänden tragen zum richtigen Feeling bei. Eine Besonderheit sind außerdem die einzigartigen Lampen über den runden Tischen, die aus Flaschen und altem Porzellangeschirr bestehen. Aber keine Angst, schummrig oder zwielichtig ist es hier ganz und gar nicht. Hier weiß man spätestens nach dem ersten Cocktail was man hat - und das ist Qualität.

RA`MIEN

Gumpendorfer Straße 9 | www.ramien.at

Reisschalen, gebratene Nudeln und die berühmt-berüchtigten Pho-Suppen mit Reisbandnudeln. Das ra'mien lässt keine asiatischen Essenswünsche offen und hat sich schon lange als Fixbestandteil der Asienszene in Mariahilf - eigentlich in ganz Wien - etabliert. Das Ambiente ist schlicht und modern und sowohl Mittag- als auch Abendessen kann hier ganz entspannt verzehrt werden. Wer nicht so viel Zeit hat, kann sich im ra'mien go auch alles einpacken lassen und mitnehmen.

SALZBERG

Magdalenenstraße 17 | www.salzberg.at

Wer auf der Suche nach einem Allrounder-Lokal ist, der hat es nun gefunden. Frühstück, Mittagsangebote, Abend-Dinner, Wochenend-Brunch, Craft-Beer Verkostung, Veilchenspritzer und Public Viewing. Das alles hat gibt im Salzberg und immer wieder kommen neue Angebote dazu. Im Sommer lädt der Schanigarten zum Draußensitzen ein und drinnen entsteht dank der Einrichtung eine gemütliche Atmosphäre.

SCHADEKGASSE 12

Schadekgasse 12

Es ist die Schwester des Liebling im siebten Bezirk. Etwas kleiner, aber mindestens genauso cool. Understatement hat man im Liebling durch das fehlende Türschild schon kennengelernt und auch in der Schadekgasse 12 steht Hipster-Flair im Vordergrund. Vintage Möbel, ahoi! Wenn sich im Sommer die großen Fenster öffnen und die Sonne direkt auf den eiskalten Mate-Tee scheint, dann weiß man: Es gibt keinen besseren Ort, wo man den Nachmittag verbringen kann.

SCHALTWERK

Luftbadgasse 19 | www.schaltwerk.co.at

Weiß bestrichene Ziegelwände, ein Bücherregal und bunt durchgewürfelte Möbel - so sieht es im Schaltwerk aus. Was man im Schaltwerk alles erleben kann, liegt ganz an den Gästen, die sich genau wie die Möbel bunt durchgewürfelt dort einfinden. Die Bar hält neben einer hervorragend gewählten Getränkeauswahl auch ein paar kleine georgische Spezialitäten bereit und fungiert außerdem immer wieder als Galerie für den einen oder anderen Künstler.

SCHWARZE KATZE

Girardigasse 6 | www.schwarzekatze.at

Hinter dem Namen „Schwarze Katze" versteckt sich ein wahrer griechischer Geheimtipp. Es handelt sich um das Restaurant des Musikers und Künstlers Georges Dimou, der mit seinen griechischen Schlagern schon eine sehenswerte Karriere vorweisen kann. Neben Musik und Kulinarik ist seine Leidenschaft, die österreichische und griechische Kultur zu verbinden und so veranstaltet er seit Jahren Konzerte mit griechischen Sirtaki Künstlern. Für die Fülle an köstlichen griechischen Gerichten ist hauptsächlich Georges Mutter „Frau Areti" zuständig.

SHANGHAI-TAN

Gumpendorfer Straße 9 | www.shanghaitan.at

Wer sich wie ein Agent in einem asiatischen Actionthriller fühlen will, der soll dem Shanghai-Tan einen Besuch abstatten. Dunkles Ebenholz, rote Sitzpolster und allerlei asiatische, goldene und verschnörkelte Accessoires. Das Shanghai-Tan ist direkt mit dem ra'mien verbunden und serviert ebenso asiatische Gerichte. Nur eben, dass hier die Atmosphäre auch für Cocktails und ein romantisches Date weitaus passender ist, als nebenan.

SMART CAFÉ

Köstlergasse 9 | www.smartcafe.at

Spätestens nachdem durch „50 Shades of Grey" Sadomasochismus fast salonfähig gemacht wurde, sollte man auch das SMart Café kennenlernen. Hier treffen sich Gleichgesinnte und können völlig zwanglos ihren Gelüsten fröhnen. Das Café selbst bietet eine kleine Auswahl an Speisen und Getränken, aber hierher kommt man nicht des Essens wegen. Im Mittelpunkt steht die SM-Szene und das SMart Café bietet eine perfekte Plattform für Interessierte.

SOYA

Mariahilfer Straße 81

Wer den Eingang zum Stadtsaal findet, der findet auch das asiatische Lokal Soya und weiß hoffentlich, dass es sich hier um eine absolute Top-Adresse für Sushi handelt. Dementsprechend gefüllt ist der kleine Innenraum des Lokals und meistens auch der Gastgarten im Sommer. Sehr zu empfehlen ist neben den Sushi- und Maki-Variationen auch die unschlagbare Erdnusssoße! Unbedingt extra bestellen.

SUK SUSHI-BAR

Linke Wienzeile 22

Bescheiden und unauffällig präsentiert sich die SUK Sushi-Bar von außen, beinahe spartanisch ist die Inneneinrichtung - doch hat man einmal das erste Sushi oder Maki verspeist, fühlt man sich wie im Himmel. Unter alten Sushi-Hasen hat es sich längst herumgesprochen, dass man im SUK verboten gut isst. Ob liebevoll angerichtete Bentos, frisch-aromatische California Lachs Makis oder thailändische Spezialitäten: der Gaumen frohlockt. Anders als am nahegelegenen Naschmarkt tut man mit einem Besuch in der SUK Sushi-Bar auch dem Geldbörsel keine Gewalt an.

SUPPITO

Girardigasse 9 | www.suppito.at

So einfach und so gesund. Bei Suppito gibt es Suppe - und zwar nach der 5-Elemente-Lehre, der traditionellen chinesischen Medizin und mit vielen frischen Zutaten. Das gute an der Suppito Suppe ist auch, dass man diese abgepackt in Glasflaschen und Behälter mit nach Hause nehmen, lagern und bei Bedarf auspacken und genießen kann. Zur Auswahl stehen kalte und warme Suppen sowie Nachspeisen. Und wem es ganz besonders gefällt, der darf sich von der Suppito-Chefin höchstpersönlich etwas beibringen lassen und an einem Kochkurs teilnehmen.

TANZCAFÉ JENSEITS

Nelkengasse 3 | www.tanzcafe-jenseits.com

Jenseits der allseits bekannten Lokale und Bars, da gibt es eines das verzaubert mit düsterer Melancholie und anziehend geheimnisvollem Rot. Es bringt die Menschen dazu, das Tanzbein zu schwingen und zwischen Blues und Swing (oder was gerade noch so am Programm steht) die Welt zu vergessen und dabei ein Glas Rotwein zu genießen. Manchmal wird man im Jenseits auch in den Bann einer Lesung oder eines Liederabends gezogen und meistens geht man bereichert wieder hinaus ins Diesseits. Ein wahrer Geheimtipp!

TEWA

Naschmarkt Stand 672 | www.tewa-naschmarkt.at

Das TEWA ist nicht nur am Naschmarkt, sondern auch am Karmelitermarkt vertreten und bietet an beiden Standorten vorzügliches Frühstück und biologische Küche. Die Gerichte sind sowohl fleischhaltig als auch vegetarisch und schmecken bestimmt gut. Speziell die Auswahl an Burgern, Wraps und Bagels ist ganz hervorragend und kann nur empfohlen werden. Im TEWA kann man gemütlich sitzen und bestellt garantiert etwas Gesundes!

TONSTUBE

Laimgrubengasse 5 | www.tonstube.at

Die coolen Jungs von Tonstube haben nicht nur heiße Beats

auf Lager, sondern im Sommer auch erfrischende Abkühlung an ihrem Donaukanal-Ableger, wo man entspannt im Pool einen Cocktail schlürfen kann. Wenn die Temperaturen anderes vorschlagen, dann bleibt man aber einfach in der Laimgrubengasse und lauscht einem der DJs, die hier Stimmung verbreiten. Die Tonstube ist jedenfalls ein ziemlich hipper Ort, um den Abend zu verbingen.

WEIN & CO

Linke Wienzeile 4 | www.weinco.at

Bei Wein & Co wird nicht nur Wein bestellt und gekauft, sondern auch verkostet. Ob in geführten Verkostungen oder ganz einfach selber an der Bar - in den Wein & Co Lokalen bekommt man den Wein zum Shop-Preis auch am Tisch. Das besondere an der Wein & Co Filiale am Naschmarkt ist allerdings die Champagner-Bar, die die größte Champagner-Auswahl ganz Wiens bereithält.

WIND&MILLS

Gumpendorfer Straße 50 | www.windmills.at

Beim Wind&Mills handelt es sich um ein Irish Pub. Hier gibt es Cider und Guinness, dunkle Holzmöbel und eine vielversprechende Bar. Die Speisekarte hält ein paar Kleinigkeiten wie Toast und Burger und - tatsächlich? - auch gebratene Nudeln bereit. Diese Kuriosität auf der Speisekarte hat sich seit dem Wechsel zu asiatischen Besitzern eingeschlichen und stört keineswegs. Die Preise im Wind&Mills sind studentenfreundlich und daher ist auch das Publikum gerne jung.

ZUM G'SCHUPFTN FERDL

Windmühlgasse 20 | www.zumgschupftenferdl.at

Der g'schupfte Ferdl ist mittlerweile nicht mehr nur aus einem Wienerlied bekannt, sondern auch durch den Heurigen in der Windmühlgasse. Und wer ihn noch nicht kennt, der sollte ihm schleunigst einen Besuch abstatten. Drinnen modern anmutend, aber trotzdem mit Biertischen und -bänken bestückt und draußen so gemütlich, dass man glaubt, gar nicht mehr in Wien zu sein. Serviert wird aus der Vitrine: Brettljause und Schweinsbraten mit Sauerkraut - so wie es sich für einen Heurigen gehört. Beim Ferdl ist noch dazu alles zu 100% Bio. Und ganz ist das Wienerlied noch nicht verschwunden, denn immer wieder finden kleine Konzerte im g'schupften Ferdl statt, die mindestens so gut zu Wien wie zum Ferdl-Ambiente passen.

ZUR EISERNEN ZEIT

Naschmarkt 313-316 | www.zureisernenzeit.at

Am Naschmarkt dominieren mittlerweile die orientalischen Standler mit ihren Gewürzen und köstlichen Falafel-Variationen. Umso exotischer ist dann ein Stand, der traditionelle österreichische Hausmannkost anbietet. Vom Wiener Schnitzel bis zum Fiakergulasch - immer mit Bier oder einem guten Glas Wein. Im „Eisernen" lässt es sich wohlfühlen und somit ist es nicht nur für Touristen, sondern auch für ansässige Wiener ein Muss.

SHOPPING GUIDE

Einkaufen, einkaufen, einkaufen! Das kann man auch jenseits der Mariahilfer Straße. Der sechste Bezirk steckt voller Überraschungen - ihr werdet schon sehen!

ANUKOO

Gumpendorfer Straße 28 | www.anukoo.com

Anukoo ist die Modemarke von EZA Fairer Handel - eine Organisation, die man aus den Weltläden und von Kaffeepackungen kennt. Dass gerade auch bei Mode ein fairer Handel und soziale Arbeitsbedingungen bei der Produktion wichtig sind, um den Misständen in der Textilproduktion entgegenzuwirken, ist mittlerweile auch bekannt. Die Kleidungsstücke bei Anukoo bestätigen: Diese Mode ist nicht nur schick, sondern kann auch mit gutem Gewissen gekauft werden!

ANZÜGLICH

Theobaldgasse 9 | www.anzueglich.at

Faire Mode - das ist mittlerweile zum Glück kein unbekanntes Stichwort mehr. Bei Anzüglich hat man eine faire Produktion und die Verwendung von Naturmaterialien aber schon von Anfang an - und das war im Jahr 2007 - groß geschrieben. Das Projekt hat sich vom kleinen Atelier bis zum Label, das über Wiens Grenzen hinaus bekannt ist, entwickelt. Klare Formen, kräftige Farben und vor allem ein angenehmes Tragegefühl sind Attribute der Kollektionen, die man in der Theobaldgasse erwerben kann.

ART & STYLE

Amerlingstraße 19 | www.artandstyle.at

Willkommen im Sneaker-Paradies! Bei Art & Style unweit der Mariahilfer Straße finden Skate- und Turnschuhfreunde ihren Meister. Hat man einmal das riesenhafte gläserne Portal

durchschritten, begrüßen einen sogleich die verschiedensten Treter, seien es nun Adidas, Converse, Dr. Martens, Vans oder Schuhe von kleineren Labels. Tipp: Falls der gewünschte Schuh einmal nicht verfügbar sein sollte, die mögliche Lösung ist nicht weit: In der Annagassse im Ersten und der Millenium City gibt es weitere Art & Style Stores.

BICYCLE COMPANY

Getreidemarkt 1/G02 | www.bicyclecompany.at

Hier dreht sich alles um den Drahtesel: Mitten am Getreidemarkt, gleich hinter der Secession, liegt das gar nicht kleine und überaus gut ausgestattete Radgeschäft namens Bicycle Company. Angeboten werden hochwertige Räder zu einem gutem Preis, aber auch allerlei Zubehör wie Schuhe, Helme und Radbekleidung. Besonders originell ist etwa der faltbare Helm von Carrera, erhältlich in vielen Farbkombinationen. Zuletzt noch ein Hinweis für Sportliche: Bicycle Company unterhält ein eigenes Race-Team, das auch bei Wettkämpfen teilnimmt!

... BLUMENGESTALTEN

Köstlergasse 11 | www.blumengestalten.at

... blumgengestalten in der Köstlergasse hält mehr bereit als einen einfachen Bund Rosen. Die florale Handschrift des Blumengeschäfts zeichnet sich durch gezielt ausgewählte Blumen aus, fein farblich aufeinander abgestimmt in besonderen Wuchsformen. Ein jahreszeitlicher Bezug und heimische Werkstoffe sind außerdem von großer Bedeutung.

Wohnaccessoires, Papeterie, Töpfe und Vasen ergänzen das Sortiment. Ob als Geschenk, als Veranstaltungsdekoration, zur Hochzeit oder für einen Trauerfall, bei ...blumengestalten stehen die Menschen, der Anlass und das Handwerk im Vordergrund. Würden die Blumen hier sprechen können, sie würden bestimmt frohlocken.

BLUMENRAUMGESTALTUNG

Windmühlgasse 15 | www.blumenraumgestaltung.com

Ganzheitliche Gestaltungsentwürfe abseits von Blumen-Kitsch und konventioneller Coolness gibt es bei Blumen-RaumGestaltung in der Windmühlgasse. Ob Wohnungen, Büroräume oder Gartenflächen, das engagierte Floristen-Team verleiht mit dezent-elegantem Pflanzen- und Dekoreinsatz Räumen eine Seele. Die wunderschönen Designs vereinen Ästhetik und Funktionalität. Unbedingt vorbeischauen und inspirieren lassen!

BUSHPLANET
Esterházygasse 32-34 | www.shop.bushplanet.tv

Wie der Name bereits vermuten lässt, geht es bei Bushplanet ziemlich grün zu. Im Growshop holen sich Hanffreunde alles, was sie für den eigenen Anbauen benötigen - seien es nun Beleuchtungssysteme, Dünger, Erde oder Töpfe. Im Headshop gibt es Rauch-Zubehör für alle Stile und Geschmäcker von Bongs über Wasserpfeifen bis hin zu essentieller Literatur wie etwa dem „Rauschkochbuch". Übrigens: Der Einkauf bei Bushplanet ist legal, obwohl hinsichtlich der Verwendung einiger Produkte Einschränkungen gelten!

CICLOPIA
Stiegengasse 20 | www.ciclopia.at

Bei CICLOPIA hat man sich völlig der idealen Beradung von Kunden verschrieben. Denn hier bekommt man nicht nur professionelle Beratung rund um das Fahrrad, sondern auch die entsprechende Hardware: Hochwertige Räder für jeden Fahrertyp, vom Kinderrad über das Rennrad bis zum Mountainbike Fully kann man hier erwerben. Außerdem wird kompetent serviciert und sogar recycelt - im wahrsten Sinne des Wortes. Damit der ganze Aufenthalt im Radshop nicht anstrengend wird, gibt es als Draufgabe noch guten Kaffee. So viel Liebe zum Rad ist nicht selbstverständlich!

COMICTREFF
Barnabitengasse 12 | www.comictreff.at

Ob weltbekannte Comic-Klassiker wie Batman, meterlange

Manga-Reihen oder einfühlsam erzählte Graphic Novels zum Zeitgeschehen, der Comictreff in der Barnabitengasse dürfte für so ziemlich jeden Geschmack etwas im Sortiment haben. Du magst Märchen? Lies „Fables"! Du stehst auf Zombies? Dann besorg' dir „The Walking Dead"! Übrigens: Star-Wars-Fans werden sich an dem reichlichen Angebot an Merchandise-Artikeln erfreuen: Actionfiguren, Tassen, Lichtschwert-Regenschirme oder Darth Vaders Ratgeber von der Dunklen Seite der Macht warten auf euch!

CO SPACE POP UP GUMPENDORF

Gumpendorfer Straße 68 | www.co-space.net

Du bist selbstständig und brauchst ein Büro? Du benötigst für einen gewissen Zeitraum eine Präsentations- und Verkaufsfläche für deine Ideen oder Produkte? Du brauchst Platz für einen Workshop oder eine Veranstaltung? Dann ist Co Space genau das Richtige für dich: Beinahe 300 Quadratmeter umfasst der gemeinsam genutzte Arbeitsraum; gemietet werden können Schreibtische, Büroflächen, Werkstätten und Lokalflächen. Ein gemeinsames Café schafft Platz für Kommunikation, damit nicht jeder allein sein Süppchen kochen muss. Wer möchte, kann hier sogar auf der Dachterrasse arbeiten.

DOOR NUMBER FOUR

Laimgrubengasse 4 | www.doornumber4.com

Der amerikanische Tattoo-Artist Andy Hinton sammelte Erfahrungen in San Francisco, ehe er hier in Wien die vierte Tür in der Laimgrubengasse für seine Kundschaft öffnete. Unter dem Motto „nice tattoos for nice people" sticht er klassische Tattoos in der Tradition der ganz Großen - platte Schriftzüge und seichte In-Motive wird man bei ihm vergeblich suchen. Hintons Stil ist stark inspiriert von der japanischen Grafik, doch auch mexikanische Calavera-Motive oder individuell angepasste, mehrfärbige Designs gehen dem Künstler gut von der Hand.

DWH STORE

Gumpendorfer Straße 24

Nur einen Katzensprung von der Mariahilfer Straße entfernt befindet sich der DWH Store. In der liebevoll-minimalistisch eingerichteten Boutique können Modebewusste genüsslich nach neuen Lieblingsstücken stöbern. Ob Kleidung, Schmuck, Taschen oder Accessoires für Sie und Ihn, die Suche lohnt sich hier bestimmt. Sämtliche Kleidungsstücke stammen nämlich aus der Feder österreichischer Designer. Neben der tollen Auswahl sei auch noch der äußerst zuvorkommende Umgang mit dem Kunden erwähnt. Ein heißer Tipp für Stilsuchende!

ED. WITTE ZAUBERKLINGL - DER JUX WITTE

Linke Wienzeile 16 | www.witte.at

Traditionell spaßig geht es bei Jux Witte zu. Das Fachgeschäft für Kostüme, Scherz- und Zauberartikel, Feuerwerke sowie Party- und Hochzeitsbedarf öffnete bereits im längst vergangenen Jahr 1863 seine Pforten und bietet heute das größte Sortiment in ganz Wien. Wer auf der nächsten Faschings- oder Halloweenparty also mit der coolsten oder grusligsten Verkleidung antanzen möchte, sollte sich dringendst hier umsehen.

EWAS HOT KULTUR

Schadekgasse 3

Stadtkundigen Mode-Insidern ist Hot Kultur - EWAs fashion lounge in der Schadekgasse längst ein Begriff. Warum? Weil man hier ausgewählte Second-Hand-Mode von stilsicher und schlicht bis schräg und ausgefallen findet, und das in einem Vintage-Ambiente, das seinesgleichen sucht. Wer möchte, kann übrigens auch mit seinem alten Gewand in den Shop kommen und sich daraus von Ewa in ein neues, originelles Unikat zaubern lassen - sie designt und näht nämlich auch selbst! Unbedingt hinschauen.

FEINKOCH

Theobaldgasse 14 | www.feinkoch.org

Du kochst gerne für dich selber, aber eine ganze Packung Zwiebel willst du nicht kaufen? Dann musst du jetzt schleunigst zu Feinkoch, such' dir ein gutes Rezept und kauf' die Zutaten direkt dort - und zwar in der richtigen Einpersonen-Menge. Aber auch andere feine Dinge kann man im Geschäft in der Theobaldgasse ergattern. Vorwiegend Bio-Produkte oder regionale Besonderheiten wird man finden und vom Craft Beer bis zum Knuspermüsli ausgestattet den Shop wieder verlassen. Ein tolles Konzept!

FEUERHAUS OFENHANDEL

Gumpendorfer Straße 14 | www.feuerhaus.at

Was gibt es in der kalten Jahreszeit besseres als ein gemütlich prasselndes Kaminfeuer und ein Glas Glühwein am eigenen Sofa? Richtig, nichts. Aus genau diesem Grund lohnt es sich, der Ofenhandlung Feuerhaus einen Besuch abzustatten. Im Sortiment finden sich modern-dezente, klassische oder futuristische Kaminöfen, Tischfeuer, Feuerschalen, Gasgriller für den Garten und vieles mehr. So steht der heimelig warmen Wintergemütlichkeit bald nichts mehr im Wege ...

GRAF UND GRÄFIN VOM RAIMUNDHOF

Mariahilfer Straße 45 | www.graefinvomraimundhof.at

Verborgen in der Raimundhof-Passage und doch direkt von der Mariahilfer Straße aus erreichbar liegen die beiden Geschäfte mit den aristokratischen Titeln. Während es bei der Gräfin vor allem Mode, Schmuck, Taschen und Geschenkartikel für Damen gibt, besticht der Graf mit stilsicheren Herrenaccessoires und Gadgets. So kann Sie sich genüsslich den herrlichen Schmuckstücken der hauseigenen Linie klein Gräfin (Design by Lena Schindler) widmen, wenn Er mit staunendem Blick Vintage-Radios, Uhren und Modellfahrzeuge bewundert. Fazit: Zwei Geschäfte, eine Augenweide!

GRÜNE ERDE

Mariahilfer Straße 11 | www.grueneerde.com

Ökologisch nachhaltige und sozial verträgliche Mode, Möbel,

Wohnacessoires, Textilien und Kosmetik mitten in der Stadt? Kein Problem! Bei Grüne Erde auf der Mariahilferstraße gibt es all das. Unter dem grünen Baum hat man sich auf umweltfreundliche Produkte für alle Lebensbereiche spezialisiert. Neben Nachhaltigkeit legt man hier aber auch auf etwas anderes großen Wert, nämlich auf Stil. Hat man einmal die wunderschönen Holzmöbel und die schlicht-eleganten Stücke aus der Naturmode-Kollektion gesehen, erkennt man, dass Öko nicht gleich nach Öko aussehen muss. Reinschauen und inspirieren lassen!

HERZILEIN WIEN

Amerlingstraße 8 | www.herzilein-wien.at

Ganze drei Herzileins gibt es in Wien. Das neueste und größte Geschäft der putzigen Stoff- und Kindermodenkette befindet sich in der Amerlingstraße, unweit der U3-Station Neubaugasse. Kaum ist man eingetreten, geht einem das Herz auf: Neben den liebevollen, farbenfroh gemusterten Kleidern für Babys und Kinder gibt es eine breite Palette an Accessoires und bunten Stoffen. Übrigens: Wer sich nicht vor Nadel und Faden fürchtet, kann in einem Herzilein-Nähkurs sogar selbst zum Modeschöpfer werden ...

INOPERABLE GALLERY

Stiegengasse 2/3 | www.inoperable.at

Im Jahr 2006 wurde die Inoperable Gallery als experimentelle Plattform für junge Kunstschaffende ins Leben gerufen. Seitdem ist man gewachsen und residiert nun in unmittelbarer

Nähe des Wiener Naschmarktes. Der Hauptfokus der Galerie liegt auf innovativer urbaner Kunst - nicht umsonst wurden hier zahlreiche namhafte Graffitikünstler groß. Immer wieder veranstaltet die Inoperable Gallery auch Projekte und Events, bei denen Künstler und Kunstbegeisterte zum kreativen Austausch zusammenkommen. Sehenswert!

JASMINS JEWELRY

Mariahilfer Straße 45 | www.jasmins.at

Versteckt im Raimundhof, wo sich auch das gleichnamige Café befindet, liegt der liebenswerte Schmuckladen Jasmins Jewelry. Spezialisiert hat man sich hier auf Silberschmuck, aber auch Halbedelsteine, Stahl, Perlmutt und Naturmaterialien aller Art finden, zu eleganten Kleinodien verarbeitet, den Weg in die Verkaufsregale. Symbolträchtige Stücke wie die zarte Blume des Lebens oder die silberne Windrose sind hier ebenso erhältlich wie schlichte, zeitlose Silberringe und -ketten. Sonderanfertigungen, Reparaturen und persönliche Gravuren vervollständigen das umfangreiche Angebot.

JK KUNST AM GETREIDEMARKT

Getreidemarkt 15 | www.i-kessler.at

Bei JK mag man sich zwar auf Kunstobjekte, Geschenke und Souvenirs spezialisiert haben - doch gleichzeitig ist der moderne Shop am Getreidemarkt stilistisch weit weg von einem gewöhnlichen Souvenirladen. Neben Schals, dezenten Steinobjekten und Geschirr zum Verschenken gibt es nämlich auch Kunstdrucke und Radierungen zu erwerben - unter anderem von dem österreichischen Künstler Michael Ferner, bekannt für seine putzig-kecken Rabenbilder. Sämtliche Produkte und Kunstobjekte können auch online bestellt werden!

JUICE DELI

Mariahilfer Straße 45/20 | www.juicedeli.at

Bei Juice Deli auf der Mariahilfer Straße ist die geballte Fruchtigkeit zu Hause. Denn hier gibt es feine Säfte aus purem Obst und Gemüse, die noch dazu zu 100% bio und vegan sind. Nachdem sämtliche Zutaten kalt gepresst sind, werden sie gleich in recycelbare, adrette Glasflaschen abgefüllt - hier wird weder chemisch konserviert noch pasteurisiert. Und das schmeckt man. In die Presse wandern Äpfel, Sellerie, Erdbeeren, Gurken, Zitronen, Granatäpfel, Melonen oder Birnen, und was herauskommt, ist immer köstlicher Saft, garantiert nachhaltig und frisch. Schon jetzt sind unzählige bunte Sorten erhältlich. Am besten einfach durchkosten!

KARL MICHAEL FASHION

Getreidemarkt 13 | www.karlmichael.net

Spätestens seit der MQ Vienna Fashion Week 2015 kennt man ihn. Doch auch in Zeiten vor kamerataulichen Penis- oder Poblitzer-Skandalen seiner Models machte der Jungdesigner schon gehörig von sich reden. Punkig, asymmetrisch, unpretentiös cool, leger, gewagt - so lassen sich seine Schnitte noch am ehesten beschreiben. Viele Stücke zeichnen sich zudem durch androgyne Formen aus, die Geschlechtergrenzen gekonnt verschwimmen lassen und eine Ästhetik abseits des Gewohnten schaffen. In den Shop schauen lohnt sich!

KELLERWERK

Gumpendorfer Straße 48 | www.kellerwerk.at

Ein gelernter Tischler und eine Ingenieurin zeigen auf der Gumpendorfer Straße, wie schön Upcycling-Möbel und Accessoires sein können: Aus Schallplatten, Tennisbällen, alten Zeitungen und Milchkannen werden im Nu neue, einzigartige Stücke von origineller Strahlkraft. Und die sind nicht nur nachhaltig, sondern auch richtig stylish - wie etwa die tollen Handtaschen aus recycelten Kaffeesäcken oder alten Lederhosenträgern.
Zusätzlich zu den „Kellerwerk"-Designs runden kleine, nachhaltig produzierende Labels das Angebot an Schmückendem, Nützlichem und Modischem ab.

KIOSK KAUNITZGASSE

Kaunitzgasse 1

Er hat viele Namen, der Spätkauf im Sechsten: Anrainer nennen ihn einfach nur „den Kiosk“, auch „Onkel Ali“ hat sich eingebürgert – die türkisch-arabische Version des Tante-Emma-Ladens. Gleich gegenüber des Apollo Kinos gelegen, versorgt er die ganze Woche lang (ja, auch am Sonntag!) bis 23:00 Uhr Hungrige und Durstige mit Speis, Trank und nützlichem Allerlei von Zahnpasta bis Dosen-Gin-Tonic. Hauptumsatzquelle des Kiosk sind wohl die Kinobesucher, doch ist anzunehmen, dass auch so manche spontane Party erst dank dieses praktischen Spätsupermarktes zustande kam ...

DER KLEINE SALON

Linke Wienzeile 40 | www.derkleinesalon.at

Die Kleinsten haben ja meist nicht die höchsten modischen Ansprüche - aber was macht das schon, solange die Eltern das Babygewand-Shoppen freut? Im kleinen salon auf der Linken Wienzeile bekommt man für das Zwergerl allerhand Niedliches. Gesehen wurden dort etwa Jacken im Pinguin-Muster, warme Overalls mit Panda-Kaputze oder Höschen mit Wolken drauf. Plus: Neben all dem süßen Gewand bietet man hier auch hochwertige Spielsachen an, die nicht nur die Kleinen, sondern auch ihre Eltern begeistern.

LIEBENSWERT

Esterházygasse 26 | www.liebens-wert.at

Erotik und Liebe für Frauen - ganz ohne Tabu und schmuddeliger Atmosphäre. Im Liebenswert in der Esterházygasse findet man Virbratoren, Dessous und viele einfallsreiche Sexspielzeuge, die ganz speziell auf die Bedürfnisse der Frau zugeschneidert sind und das in einer lockeren und offenen Atmosphäre. Hier gibt es keine Tabus und keine falschen Fragen, sondern nur liebenswerte Auskunft. Neben der Fachberatung im Geschäft, werden außerdem regelmäßig Workshops und Vorträge angeboten, sodass man sich in vielerlei Hinsicht zum Thema Sex und Selbstliebe informieren kann.

LOTTE NÄHT

Eggerthgasse 10 | www.lotte-naeht.at

Die nähende Lotte heißt eigentlich Gabi, ist Kindergartenpädagogin und Mutter und sie näht Stofftiere, die so entzückend sind - da möchte man selber wieder Kind sein. Aber zum Glück ist das eigentlich gar nicht nötig, denn die selbst entworfenen und genähten Kreationen sind sowohl kreativ als auch praktisch. Da fungiert der Elefant als Nackenstütze oder der Bär als Schnullitäschen und schon sind sowohl Kinder als auch Eltern glücklich.

LUV THE SHOP

Gumpendorfer Straße 24 | www.luvtheshop.com

In der Gumpendorfer Straße 24, da befindet sich einer der beiden luv Shops, der gefüllt ist mit Mode für Frauen und Mädels. Aber besonders auch mit einer freundlichen Atmosphäre und mit den Ideen der beiden Gründerinnen, die ganz speziell auf skandinavische Mode abfahren. Die verschiedenen Labels, die bei luv vertreten sind, fügen sich zu einer perfekten Mischung aus weiblicher Selbstsicherheit und Einfachheit zusammen, sodass man sich als Besucherin eigentlich nur wohlfühlen kann.

MAGAZIN AM GETREIDEMARKT

Getreidemarkt 11 | www.magazinamgetreidemarkt.com

Das Magazin am Getreidemarkt ist ein aus drei Teilen bestehendes Gesamtkunstwerk: zum einen Boutique, zum anderen Galerie, und zu guter Letzt auch Café und Lounge. So kann man hier etwa gleichermaßen Schuhe und Kleider erlesener internationaler Designer kaufen, eine gute Tasse Kaffee trinken, auf Vernissagen mit Künstlern und Kulturschaffenden plaudern oder in Bildbänden blättern. Wer urbane Concept Stores schätzt, der wird das Magazin lieben.

MAKE MUSIC

Amerlingstraße 1 | www.makemusic.at

Musiker und Gitarrenfreunde aufgepasst! Im sechsten Bezirk befindet sich das Gitarrenparadies. Ob es nun die „Klampfn" für das nächtliche Singen am Lagerfeuer ist, oder die neueste E-Gitarre am Markt - Make Music ist für alle Freunde des beliebten Saiteninstruments die beste Anlaufstelle. Hier gibt es nicht nur ein unglaubliches Sortiment an verschiedensten Gitarren, Amps und Zubehör, sondern auch Fachkräfte mit Expertise, die Serviceleistungen und Beratung anbieten.

MODE AUS DER NATUR

Barnabitengasse 3 | www.modeausdernatur.at

Fesche ökologische Kleidung von erlesenen Labels für Babys, Kinder und ihre Mütter gibt es in der Barnabitengasse 3. Hier kann man ruhigen Gewissens einkaufen - für sämtliche Stücke wurde nämlich nur Bio-Baumwolle und Schurwolle aus artgerechter biologischer Haltung verwendet, auch die Farben sind schwermetallfrei und umweltverträglich. Zudem sind die Produkte fair erzeugt - was will man mehr?

DAS MÖBEL

Gumpendorfer Straße 11 | www.dasmoebel.at

Eigentlich ist das Möbel vielen als Café in der Burggasse bekannt. Ein Café, wo man die Möbel, auf denen man sitzt, gleich kaufen kann. Weil aber nicht alle Möbel als Kaffeehausinterieur geeignet sind und ein Café schlicht und einfach nicht den gleichen Überblick bietet wie ein Schauraum, gibt es auch „das geschäft" des Möbels in der Gumpendorfer Straße. Junge (und meist österreichische) Designer kommen hier zum Zug und ausgefallenen Ideen wird Raum geboten.

MODUS VIVENDI

Schadekgasse 4 | www.modusvivendi.at

Modus vivendi, das bedeutet Lebensart. Und von der versteht man in gleichnamigem Modeatelier in der Schadekgasse recht viel. Denn was die Modemacherinnen in dem freundlichen zweistöckigen Lokal geschaffen haben, ist mehr als nur sehenswert: Ob wollige Kunstwerke aus hauseigener Fertigung, dezent-elegante Pullover für Damen, Herren und Kinder oder eine persönliche Maßanfertigung - bei modus vivendi gibt es all das, und zwar inklusive kompetenter Beratung. Tipp: Immer wieder finden im modus vivdendi auch modisch-kulinarische Veranstaltungen statt. Einfach auf facebook informieren!

NACHBARIN

Gumpendorfer Straße 17 | www.nachbarin.co.at

Bei Nachbarin European Fasion Design erwartet Besucherinnen erlesene wie ungewöhnliche Mode von namhaften Labels wie Preen, Chalayan oder Veronique Leroy. Kaum verwunderlich also, wenn einem einige Stücke aus den verfügbaren Kollektionen irgendwann einmal an Hollywood-Stars auffallen! Sogar die edlen Treter von Robert Clergerie - momentan besonders in mit Plateau-Absatz - gibt es bei Nachbarin. Ein Muss für Fashion Victims, die sich wie ein Star fühlen möchten!

NANNA

Barnabitengasse 8A | www.nanna.at

In der Barnabitengasse hat Martina Höller ihren Traum erfüllt und das "Nanna" eröffnet. Der Name kommt von der nordischen Göttin der Intuition. Sie wacht über das Einrichtungsgeschäft, in dem skandinavischen Möbel und Wohnaccessoires in warmen Farben zu finden sind. Ausgewählte Stücke, wie Geschirr, Regale oder Decken der Marken Bloomingville oder House Doctor sind hier zu finden. Mit viel Liebe und Intuition wurden ganz besonders schöne Produkte ausgesucht und in einen wundervollen Geschäftsraum gepackt. Vorbeischauen lohnt sich!

QUAS

Gumpendorfer Straße 16 | www.quas.at

Wer bei QUAS eintritt, der muss Besonderes für die eigenen vier Wände vorhaben. Hier werden exeptionelle Wohnideen umgesetzt und vage Vorstellungen vom gemütlichen Wohnzimmer in Realität verwandelt. Designermöbel werden hier

nanna
Barnabitengasse 8a
www.nanna.at

optimal eingesetzt und ganze Häuser kann man sich zu einer Lebensoase machen lassen. Der Schauraum in der Gumpendorfer Straße liefert schon mal viele gute Ideen. Also, lasst euch inspirieren!

RECORDBAG MUSIC AND FASHION

Kollergerngasse 4 | www.recordbag.at

Nur ein paar Schritte von der U3-Station Neubaugasse entfernt liegt eine wahre Fundgrube für alle, die Musik lieben und ihrer Liebe auch gerne Ausdruck verleihen: der Recordbag Music and Fashion Store. Das heimelige Musikgeschäft ist Zeitreise in die Jugend und Ausflug in neue musikalische Welten zugleich; The Who und AC/DC sind hier ebenso zu Hause wie die Beatsteaks, The Fratellis, Wilco oder Lana Del Rey. An erfreulichen Sachen wie T-Shirts, batteriebetriebenen Kofferplattenspielern oder Yellow-Submarine-Salzstreuern mangelt es auch nicht.

SAINT CHARLES APOTHEKE / ALIMENTARY

Gumpendorfer Straße 30/33 | www.saint.info

Schon seit etwa hundert Jahren befindet sich in der Gumpendorfer Straße 30 eine Apotheke. Diese Tradition führt Saint Charles mit Kompetenz und Freundlichkeit fort. Doch auch gegenüber, auf der anderen Straßenseite, hat sich Saint Charles breit gemacht - und zwar mit der kleinen, feinen Alimentary, wo Nora Kreimayer alias „Mamsell" den Kochlöffel schwingt und mit hausgemachten Bio-Menüs inklusive Suppe oder Nachspeise verwöhnt.

SALON:FÄHIG

Esterházygasse 29 | www.salonfähig.at

Gestricktes und Genähtes in wunderschöner Optik und Qualität gibt es in Nina Wiplingers salon:fähig. Jedes Modell ist ein Unikat aus österreichischer Handarbeit: Ob Jacken, Schals oder Mützen, jedes Stück hat seinen eigenen Charakter. Doch der Salon bietet noch mehr. Die japanischen Tageskimonos, genannt Yukatas, sind nicht nur fein verarbeitet und detailreich gestaltet, sondern auch farbenfroh und überaus bequem. Für alle Strickfreudigen, die gern ihre Kenntnisse erweitern möchten, werden auf Anfrage auch Workshops angeboten!

SHIRINS

Rahlgasse 1 | www.shirins.at

Einrichtungsgegenstände und Wohnaccessoires, in die man sich wirklich verlieben kann, sind nicht so einfach zu finden. Wenn man bei Shirins sucht, allerdings schon. In dem verträumt-stilvoll gestalteten Einrichtungshaus in der Rahlgasse finden sich zahlreiche Schätze. Von Sofas zum Niederlegen über erleuchtende Lampen bis hin zu Designerstücken von Riviera Maison.

SPORTLADEN 1060

Joanelligasse 9 | www.sportladen1060.at

Gleich vorweg, der SportLaden ist kein gewöhnliches Sportgeschäft. Laufschuhe, Wanderstecken oder schicke Fitnesscenter-Outfits wird man hier nämlich vergeblich suchen. Dafür gibt es die wohl beste Auswahl an urbanen Asphaltcruisern:

Ob ein Micro-Scooter für die Fahrt ins Büro, ein Stunt Scooter für Wagemutige oder ein stylishes Longboard, hier kriegt man alles. Auch Accessoires wie Helme, Protektoren, Caps, T-Shirts und Mützen sind reichlich verfügbar. Last but not least wird man hier auch exzellent beraten - hinschauen!

UNTER UMSTÄNDEN

Windmühlgasse 15 | www.unterumstaenden.at

Schwangere Frauen, die trotz Babybauch eine modische Figur machen wollen, finden bei Unter Umständen nicht nur unter Umständen, sondern bestimmt das passende Gewand. Von Jeans und Pullovern über elegante Kleider, Mäntel oder stilltaugliche Blusen und Shirts gibt es hier eine solide Auswahl. Weiters sind bei Unter Umständen Kleidung und Accessoires der stylishen Wiener Brand Wienerkind zu erstehen. So machen Mutter-Baby-Einkäufe Spaß!

UP STORE VIENNA

Schadekgasse 2 | www.evapoleschinski.at

Verborgen in der Schadekgasse befindet sich ein besonderes Juwel: der inspirierende Up Store Vienna. Das helle Geschäftslokal im Obergeschoss ist gefüllt mit Stücken der renommierten heimischen Designerin Eva Poleschinski. Auch die Schneiderwerkstatt befindet sich hier. Für ihre Kollektionen verwendet Poleschinski hochwertige Materialien. So auch für die genialen TO GO Stücke aus fließend-leichten Stoffen, die Kleid, Rock und Bluse zugleich sind. Wirklich Extravagantes gibt es hier ebenfalls zu bestaunen. Ein heißer Tipp für alle Fashionistas.

VERALIE

Königsklostergasse 5/ Ecke Theobaldgasse | www.veralie.at

Die Theobaldgasse ist der neue Hotspot für Schmuckliebhaber und Indiviualshopper! Dort befindet sich nämlich auch das Schmuckatelier von Vera Ziegler. Bei Veralie gibt es filigrane Ohrringe, Kettchen und Armbänder. Alles in Gold gehalten und von zarten Designs und Mustern geprägt. Dazu noch ein paar schimmernde Edelsteine und fertig ist der Schmuck von Veralie. Und wer jetzt denkt, das Sparschwein muss für diese Schönheiten geplündert werden, der irrt. Der Schmuck von Veralie ist nicht nur schön, sondern auch noch leistbar!

VIENNA TO GO

Linke Wienzeile 40

Souvenirs, Geschenke und Mitbringsel der etwas anderen Art. Bei Vienna to go am Naschmarkt gibt es wienerische

Vienna to go

Design-Produkte und kleine Kuriositäten aus Österreich. Aber nicht in der Art, wie man es von einem Souvenir-Shop erwarten würde, sondern viel spannender. Zu Figuren gefaltete Stadtpläne, originelle Lampenschirme oder einfach ausgefallene Postkarten warten nur darauf von neugierigen Besuchern entdeckt zu werden. Lasst euch überraschen und gönnt euch vielleicht auch selber mal ein Souvenir aus dem schönen Wien.

VINTAGERIE

Nelkengasse 4 | www.vintagerie.at

Du hast keine Lust darauf, dass deine Wohnung aussieht wie jede andere? Du stehst auf gewisse Designepochen und möchtest dir mit einem ganz besonderen Stück eine Freude machen? Dann auf in die Vintagerie. Der geräumige Möbel- und Einrichtungsladen in der Nelkengasse birgt nämlich so manches Schmankerl: Ob Couchtischerl und Bücherschränke im Stil der klassischen Moderne, französische Jieldé-Lampen im Industriestil oder kunstvolle Luster aus Murano-Glas, zum Schauen und/oder Kaufen gibt es allerhand!

WE BANDITS STORE

Theobaldgasse 14 | webandits.tictail.com

Bei We Bandits wird auf Einzigartigkeit geachtet und das kann sich sehen lassen. Die Teile sind so hip - von der Brille bis zum passenden Socken möchte man seinen gesamten Kleiderschrank neu anordnen, weil die Mode dort Spaß macht.

BIS ZUR EINZIGARTIGKEIT GEREIFT.
JIM BEAM B SINCE 1795
MIT 12 JAHREN IM EICHENFASS GEHÖRT JIM BEAM SIGNATURE CRAFT ZU DEN AM LÄNGSTEN GELAGERTEN BOURBONS ÜBERHAUPT. DAS RESULTAT: EIN EINZIGARTIG VOLLMUNDIGER GESCHMACK, DER SEINESGLEICHEN SUCHT.
JIM BEAM
SIGNATURE CRAFT
SMALL BATCH
KENTUCKY STRAIGHT BOURBON WHISKEY
aged for
12 YEARS
86 PROOF
43% ALC/VOL
750ML OF KENTUCKY'S FINEST
SMALL BATCH
MAKE HISTORY™
drink smart

STADTSPAZIERGÄNGE

Was macht man an einem freien Nachmittag im sechsten Bezirk? Na, einen Stadtspaziergang natürlich. Von links nach rechts und von oben nach unten haben wir sie erkundet: die Straßen Mariahilfs. Vier tolle Routen sind dabei herausgekommen und wenn ihr sie entlangwandert, so werdet ihr allerlei spannende Sachen entdecken. Vom Lieblingscafé zum versteckten Denkmal bis zum Shoppingparadies. Wir führen euch gekonnt und mit Spaß durch den sechsten Bezirk.

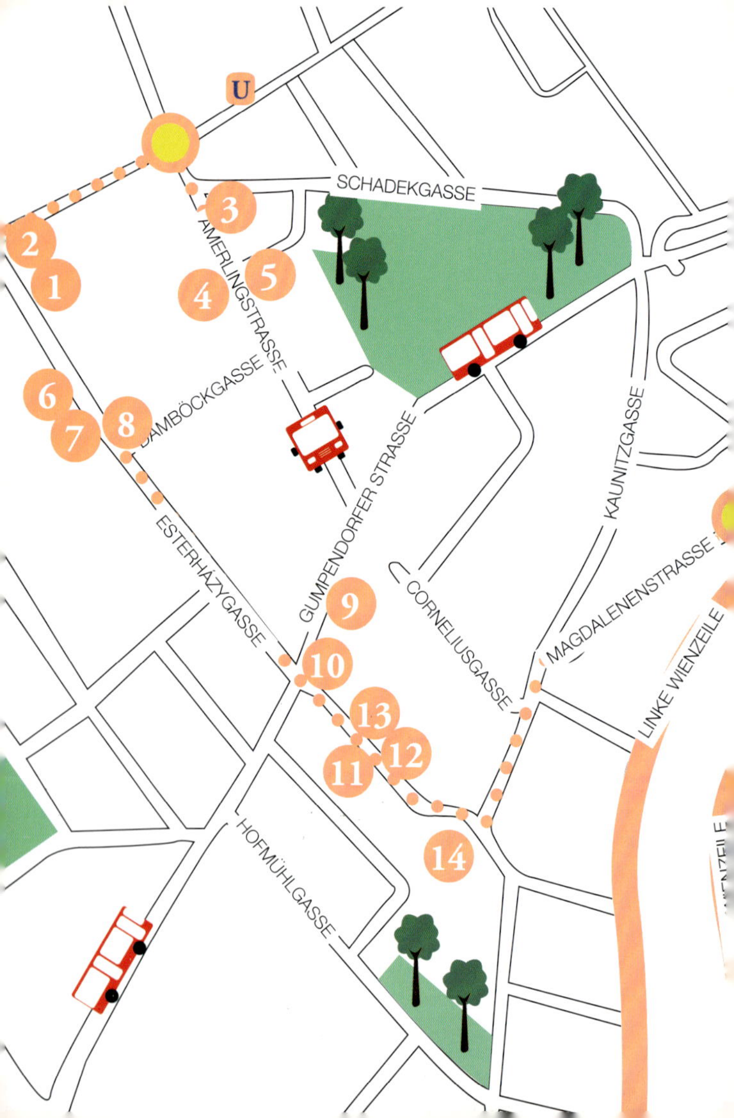

U
SCHADEKGASSE
AMERLINGSTRASSE
DAMBÖCKGASSE
GUMPENDORFER STRASSE
ESTERHÁZYGASSE
KAUNITZGASSE
CORNELIUSGASSE
MAGDALENENSTRASSE
LINKE WIENZEILE
HOFMÜHLGASSE
1
2
3
4
5
6
7
8
9
10
11
12
13
14

1. STADTSAAL
Mariahilfer Straße 81

2. SOYA
Mariahilfer Straße 81

3. CAFÉ RITTER
Mariahilfer Straße 73

4. KEKE'S
Amerlingstraße 15

5. HERZILEIN
Amerlingstraße 8

6. HOTEL FÜRST METTERNICH
Esterházygasse 33

7. NAT'NAA
Esterházygasse 31

8. CONDOMI MUSEUM / LIEBENSWERT
Esterházygasse 26

9. CO SPACE POP UP GUMPENDORF
Gumpendorfer Straße 65

10. TAG
Gumpendorfer Straße 67

11. HAFENJUNGE
Esterházygasse 11

12. MIRANDA BAR
Esterházygasse 12

13. FINKH
Esterházygasse 12

14. DOWN UNDER
Magdalenenstraße 32

VOM WC BIS ZUR U-BAHN

Ein Spaziergang wartet auf euch, der uns nicht nur zu köstlichem Essen und interessanten Shops führt, sondern auch ganz bestimmt die ein oder andere Information zur Weiterbildung für euch bereit hält. Von der kulturellen WC Anlage über ein etwas ungewöhnliches Museum bis hin zum gemütlichen Trödeln am Naschmarkt-Flohmarkt. Viel Spaß beim Entdecken!

KABARETT UND ERDNUSSSOSSE

Eigentlich fängt unsere Tour an der Amerlingstraße an, die als Fortsetzung der Neubaugasse an der Kreuzung mit der Mariahilfer Straße beginnt und nach Süden führt. Aber trotzdem möchten wir euch zwei Orte auf keinen Fall vorenthalten. Sie befinden sich beide fast am gleichen Ort, also wer den einen findet, der profitiert gleich doppelt. An der Hausnummer 81 führt ein langer Weg zu einem kleinen Innenhof und je nach Wetter auch Gastgarten. Es handelt sich hierbei um das asiatische Restaurant **Soya**, wo Sushi und Nudelgerichte zu günstigen Preisen serviert werden. Außerdem könnt ihr hier die mit Abstand beste (!!!) Erdnusssoße in ganz Wien bestellen. Solch preisende Worte sind natürlich höchst subjektiv zu verstehen - dennoch: probiert muss man sie haben! Nach der Soßen-Verkostung habt ihr dann auch gar nicht mehr weit zum **Stadtsaal**. Ein Ort für Kabaretts, Theater und gute Laune, den ihr eventuell am Ende unserer Tour wieder aufsuchen könnt.

JETZT GEHEN NOCHMAL ALLE AUF DAS KLO UND DANN REITEN WIR LOS!

Ihr kennt das - man muss garantiert dann aufs Klo, wenn gerade keines in der Nähe ist. Das ist dann besonders ärgerlich, wenn man sich auf einer spannenden Tour zwischen Mariahilfer Straße und Linker Wienzeile befindet. Deswegen: Lieber gleich nochmal die Blase entleeren. Und zwar in der öffentlichen WC Anlage in der Amerlingstraße, die 1913 von Wilhelm Beetz errichtet wurde und heute als denkmalgeschütztes Jugendstil-Klo immer noch erhalten ist.

Geschafft? Na, dann los geht es!

AMERLING, AMERLING

Wir befinden uns also nach wie vor an der großen Kreuzung zwischen Amerlingstraße, Mariahilfer Straße und Neubaugasse. Sie ist sogar mit Ampeln ausgestattet, die jedoch gerne sowohl von Fußgängern als auch von Radfahrern ignoriert werden. Nur manchmal schummelt sich der 13A durch und da weichen dann doch alle. Vor uns führt die Amerlingstraße leicht bergab und schräg links sitzen ein paar Kaffeetrinker im Schanigarten des **Café Ritter**, das sich schon seit 1867 einen Namen macht. Traditionell wienerisch und das einzige seiner Art auf der Mariahilfer Straße.

Für uns geht es aber karibisch weiter, denn wir schauen

uns die kleine Bar **Keke's** genauer an. Ein schmales Lokal, das mit afro-karibischen Genüssen aufwartet und wo auch manchmal musikalische Live-Acts Gäste anlocken. Definitiv ein Tipp für alle, die ein bisschen Karibikluft schnuppern möchten.

Gegenüber erspähen wir ein sehr auffälliges Geschäft. Pink und rot und mit Herzen verziert, ist die Fassade für keinen zu übersehen. Das Geschäft heißt passenderweise **Herzilein** und dort findet man ausschließlich Dinge, die das Herz erfreuen. Süße Stoffe, kleine Püppchen, Nähzeug, Kindermode - alles mögliche! Wen die Nählust schon beim Stöbern packt, der sollte sich überlegen, dort einen Nähkurs zu besuchen.

Jetzt befinden wir uns auch schon direkt am Amerlinggymnasium, an dessen Standort früher einmal das Sommerpalais Albrechtsburg, dann in Palais Kaunitz umbenannt wurde und zu guter Letzt als Esterházypalais bekannt, zu finden war. Die jeweiligen Besitzer mussten aus verschiedenen Gründen ihr Eigentum weiterverkaufen, bis schließlich im Jahr 1868 auch die Familie Esterházy aus finanziellen Gründen das Gebäude an die Stadt Wien verkaufte. So blieb es noch viele Jahre bestehen, bis schließlich im Jahr 1970 das Palais abgerissen und Platz für den Neubau des Amerlinggymnasiums gemacht wurde. Die Schule, die hierher verlegt wurde, bestand schon seit dem Jahr 1854 und ist somit die älteste Wiener Gemeindemittelschule.

MIT STIL UND VERNUNFT

Bevor wir uns aber zu sehr in der Geschichte verlieren, bahnen wir uns einen Weg durch die Damböckgasse direkt in die Esterházygasse und setzen hier unsere Reise gen Süden fort. Ein Blick nach rechts lässt uns noch einmal zur Mariahilfer Straße hinaufschauen. Wir sehen das **Hotel Fürst Metternich**, das in eine vergangene Zeit entführt und den Gast nicht nur zum Wohnen, sondern tatsächlich zum Residieren einlädt. Dort, im Kellergewölbe ist außerdem auch Platz für Besucher, die nicht im Hotel Fürst Metternich übernachten. Das **Barfly's** ist eine Cocktailbar, wo man am liebsten nur mit Taschenuhr und edlem Gehstock hinein möchte. Hier gibt's keinen Sex on the Beach, sondern Whiskey, Brandy und den Rest der edlen Tropfenfamilie. Trinken mit Stil. Jetzt fehlt nur noch die Zigarre. Ach nein, Moment - die gibt es ja auch!

Wir sagen ja generell nicht nein zu edlen Tropfen, aber so mitten am Tag ist wohl doch ein Besuch beim **Nat'naa** gleich neben dem Hotel Fürst Metternich angebrachter. Dort gibt's erstmal Gesundes aus Jamaika und Äthiopien. Hausgemacht und vegetarisch beziehungsweise vegan und das perfekte Mittagessen!

HAT DA JEMAND VERNUNFT GESAGT?

Der Blick richtet sich nun etwas weiter nach unten und da erspähen wir einen Ort für Selbstliebe. Alles, was man sich für die romantisch, erotische Ein- oder Zweisamkeit wünscht, findet man in dem Geschäft namens **Liebenswert**. Als Ingrid Mack 1994 mit dem Condomi das erste Kondom-Fachgeschäft Europas eröffnete, stand für sie vor allem im Mittelpunkt, die Tabuthemen Sex, Selbstliebe und Verhütung salonfähig zu machen und als offener Ansprechpartner ohne Vorurteile zur Verfügung zu stehen. Heute gibt es sowohl das Condomi in der Otto-Bauer-Gasse noch, als auch das Liebenswert, dass sich auf Liebesfragen für Frauen spezialisiert hat. Außerdem kann man in den Hinterräumen des Liebenswert eine bewundernswerte Sammlung an Kondomen jedes Zeitalters bewundern. Das **Condomi-Museum** ist einmal eine etwas andere Art von Bildung!

FEIERABEND!

Ziehen wir weiter die Esterházygasse entlang Richtung Wienfluss, so kreuzen wir alsbald die Gumpendorfer Straße. Sie verläuft parallel zur Mariahilfer Straße und erstreckt sich von Getreidemarkt an der Grenze zum ersten Bezirk bis zur U-Bahn Station Gumpendorfer Straße am Gürtel. Auf der rechten Seite findet man das **Co Space Pop Up Gumpendorf**, wo sich Selbständige, Individualisten und Workaholics für ihre tägliche Ration Arbeit treffen. Neben dem Café zum gemütlichen Austausch stehen 300 Quadratmeter Arbeitsfläche und sogar eine Dachterrasse zur Verfügung.

Wer schon Feierabend hat, der schaut einfach nicht nach

Esterházygasse / Finkh

rechts, sondern nach links, denn dort befindet sich das **Theater an der Gumpendorfer Straße**. Kurz: das TAG. Es ist ein mittelgroßes Theater, das aus der Wiener Theaterszene eigentlich gar nicht mehr wegzudenken ist. Das Schauspiel-Ensemble ist dort fix engagiert und spielt neben den Standardproduktionen der Saison auch bei Gastspielen oder beim Improtheater mit. Besonders letzteres ist mehr als nur eine Empfehlung wert. Beim Impro-Sonntag treten jeweils zwei Teams „gegeneinander" an und das Publikum entscheidet, wer denn nun seine Aufgaben besser umgesetzt hat. Garantiert lustig!

Vor, nach oder während dem Theater verspricht die Esterházygasse auch für Hungrige und Durstige noch genug, um es nicht langweilig werden zu lassen. Es herrscht eine freundlich, frohe Stimmung in den Lokalen der Esterházygasse, die durch ihre geografische Nähe nicht nur Nachbarn, sondern fast Freunde sind. Zu empfehlen wäre ein Nachmittagsbesuch im **Hafenjunge**, wo neben Hamburger Spezialitäten (wie zum Beispiel das einzig wahre Hamburger Astra und Franzbrötchen) auch Utensilien für einen fachgerechten Schiffsverkehr zu kriegen sind. Mützen, Schals und andere lustige Dinge, die man im hohen Norden eben so braucht. Ganz nebenbei ist das Hafenjunge aber auch ein Grafikbüro.

Gleich nebenan, beziehungsweise gegenüber befindet sich die **Miranda Bar** und das **Restaurant Finkh**. In dem einen gibt es Cocktails und stylish coole Drinks und in dem anderen kann man stilvoll dinieren und den Magen mit leckeren Speisen füllen. Egal wofür ihr euch entscheidet - ihr könnt hier nicht falsch liegen!

BIS GANZ HINUNTER

Wer jetzt schon richtig steil gehen will oder wer Lust auf ein, zwei Drinks hat oder wer auf Wuzzeln und Darten steht oder wer ein Faible für Australien oder für alte Gewölbekeller pflegt, der begibt sich jetzt in das Land **Down Under**. Die Bar ist tatsächlich so australisch wie selten eine Bar in Wien. Hier wird Englisch (oder Österreichisch - je nachdem) gesprochen, Boomerangs und Karten von Australien hängen an den Wänden und die Gäste sind mindestens so feierwütig wie die Australier selbst. Der Gewölbekeller wird für Partys genutzt und kann gemietet werden, ist aber bestimmt schon 100 Jahre alt und somit auch ein historischer Hingucker.

NICHT TRÖDELN - DER FLOHMARKT KOMMT!

Falls gerade Samstag ist, ist euer Glückstag. Immer samstags zwischen 6:30 Uhr und 18:00 Uhr findet auf dem Parkplatzgelände beim Naschmarkt ein Trödel- und Flohmarkt statt. Da werden dann alte Tassen, Bilderrahmen, Gläser, Vinyls, Postkarten oder Schuhe angeboten - und das ist noch lange, lange nicht alles. Der Fundus an Vintage-Dingen aus Großmutters Zeiten ist unerschöpflich. Es zahlt sich aus, sich ein bisschen Zeit zu nehmen und das Geschehen auf sich wirken zu lassen. Die Besucher sind so unterschiedlich wie die angebotenen Waren. Touristen auf Foto-Trip, die Hipster-Jugend auf der Suche nach coolen Vintage Sonnenbrillen und eingefleischte Schnäppchenjäger, die um den besten Preis feilschen. Ein herrliches Treiben, das schon seit 1977 hier stattfindet.

ÜBER DIE KETTENBRÜCKE UND AB NACH HAUSE

Wer sich dann durch den Flohmarkt gekämpft hat, der findet sich auch schon bei der U4 Station Kettenbrückengasse wieder. Diese Station wurde erstmals im Jahr 1899 eröffnet, als Otto Wagner die Wiener Stadtbahn konzipiert hatte. Demnach ist sie auch heute noch architektonisch dem Jugendstil zuzuordnen. Das Gebäude, das den Eingang zur U-Bahn Station bildet, ist denkmalgeschützt. Während des Ersten Weltkriegs wurde die Station geschlossen, danach wurde der Betrieb wieder aufgenommen bis schließlich ein größerer Umbau stattfand, bei dem die Station den Bedingungen für einen modernen U-Bahn Betrieb gerecht gemacht wurde. Schließlich, am 27. Oktober 1980, fuhr der erste U4 Zug, wie wir ihn heute kennen, in die Station ein.

Der Name „Kettenbrückengasse", den auch die nahegelegene Straße trägt, kommt von der einst hier befindlichen Rudolfsbrücke, die als dritte Kettenbrücke Wiens 1830 eröffnet wurde. Sie führte über den damals noch unbegradigten Wienfluss und bestand aus einer 5,2 m breiten Fahrbahn

sowie zwei je 1,5 m breiten Gehsteigen. Die beiden anderen Wiener Kettenbrücken waren die Sophienbrücke (heute als Rotundenbrücke bekannt) und der Karlskettensteg (die heutige Salztorbrücke). Heute wird die Bauform einer Kettenbrücke (eine Art der Hängebrücke, die mit Ketten gehalten wird) so gut wie gar nicht mehr verwendet.
Für uns ist nur noch wichtig, dass der nächste U4 Zug in drei Minuten kommt und wir uns also schleunigst zum Bahnsteig begeben und nach Hause fahren. Voll bepackt mit tollen Sachen, freuen wir uns schon auf das Sofa, das Abendessen oder was eben sonst noch so bei euch ansteht.

Station Kettenbrückengasse

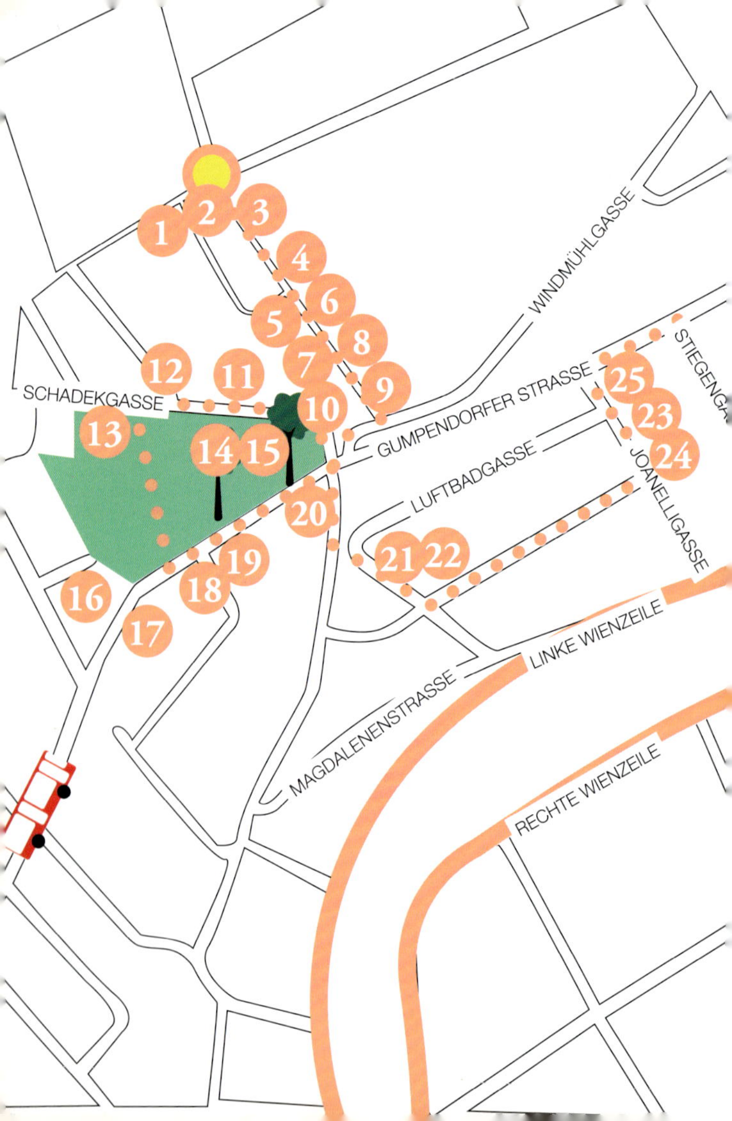

1
2
3
4
5
6
7
8
9
10
11
12
13
14
15
16
17
18
19
20
21
22
23
24
25
SCHADEKGASSE
WINDMÜHLGASSE
GUMPENDORFER STRASSE
LUFTBADGASSE
JOANELLIGASSE
LINKE WIENZEILE
MAGDALENENSTRASSE
RECHTE WIENZEILE

1. HAYDN KINO
Mariahilfer Straße 57

2. MARIAHILFER KIRCHE & HAYDN DENKMAL
Mariahilfer Straße / Barnabitengasse

3. GRUFT
Barnabitengasse 14

4. COMICTREFF
Barnabitengasse 12

5. MODE AUS DER NATUR
Barnabitengasse 3

6. NANNA
Barnabitengasse 8A

7. PIZZERIA FRASCATI
Barnabitengasse 3

8. FORMOSA
Barnabitengasse 6

9. CAFÉ PIERRE
Barnabitengasse / Ecke Windmühlgasse 32

10. UP STORE VIENNA
Schadekgasse 2

11. FUTUREGARDEN
Schadekgasse 6

12. SCHADEKGASSE 12
Schadekgasse 12

13. ESTERHÁZYPARK
Esterházypark

14. FOLTERMUSEUM
Fritz-Grünbaum-Platz 1

15. HAUS DES MEERES
Fritz-Grünbaum-Platz 1

16. CROSSFIT ACE
Blümelgasse 1

17. KARATE UNION
Gumpendorfer Straße 63D

18. HOT YOGA VIENNA
Gumpendorfer Straße 63C

19. AJS AMERICAN DINER
Gumpendorfer Straße 63A

20. APOLLO KINO
Gumpendorfer Straße 63

21. LOTTE NÄHT
Eggerthgasse 10

22. EHEMALIGES LUFTBAD
Dürergasse

23. KELLERWERK
Joanelligasse 48

24. JOANELLI
Joanelligasse 47

25. NATSU
Joanelligasse 45

26. INOPERABLE GALLERY
Stiegengasse 2/3

27. VIENNA TO GO
Linke Wienzeile 40

VON KIRCHEN, KINOS UND GÄRTEN

Dieser Spaziergang führt uns an prunkvollen Kirchen und Denkmälern vorbei, durch den Esterházypark und schließlich bis zur Linken Wienzeile. Natürlich kommen Entertainment und Kulinarik nicht zu kurz.

DAS WIRD EIN HAYDN SPASS!

Wir starten unsere Tour durch den sechsten Bezirk mit niemand geringerem als Joseph Haydn selbst. Und zwar in zweierlei Hinsicht. An der Mariahilfer Straße 57, gleich ums Eck der Mariahilfer Kirche, befindet sich nämlich das Haydn Kino. Dort werden Filme in Originalsprache gezeigt und somit ist es ein Kino, das vor allem bei Englisch sprechenden Wienern äußerst beliebt ist.

Seinen Namen hat das Kino von dem in der Nähe befindlichem Haydn-Denkmal, das mitten auf dem Platz vor der Mariahilfer Kirche majestätisch prangt. Im Jahr 1877 stiftete eine Gruppierung aus Haydn-Verehrern dieses Denkmal und verdrängte dadurch den vorher hier befindlichen Gänsemädchenbrunnen. Das Mädchen am Brunnen befindet sich heute am Beginn der Rahlstiege am Anfang der Mariahilfer Straße.

MARIA UND DIE BARNABITEN

Der Platz mit dem Haydn-Denkmal wird in den wärmeren Jahreszeiten auch als Marktplatz genutzt. Im Winter sind hier die Hütten für den Mariahilfer Christkindlmarkt aufgebaut und der Duft von Punsch und Glühwein mischt sich verführerisch mit gerösteten Mandeln und heißen Maroni. Die dahinter prangende Kirche steht in ihrer Form seit etwa 1730, wo der Umbau nach Plänen von Franziskus Jänkl vollendet war. Noch 50 Jahre zuvor befand sich auf diesem Grundstück ein Friedhof der Ordensbrüder der Barnabiten und eine kleine hölzerne Kapelle. Schon damals stiftete der Ordensbruder Cölestin Joanelli eine Kopie des Gnadenbilds „Mariahülf", das viele Wallfahrer anlockte und der Kirche schließlich ihren Namen verleihen sollte.

Links von der Kirche führt ein kleiner Torbogen zur Barnabitengasse, die für sich eine ganz eigene Welt bildet. Der Bogen ist zwischen der Kirche und den ältesten Gebäuden der Gasse gespannt, deren Grundstein schon in der zweiten Hälfte des 18. Jahrhunderts gelegt wurde. Schlüpft man durch den Bogen hindurch, so eröffnet sich eine gepflasterte Straße und eine Fußgängerzone, die zum Schlendern einlädt.

ZWISCHEN COMICS, MODE UND KULINARISCHEN WELTREISEN

Sie ist nicht außerordentlich lang, die Barnabitengasse, aber sie ist die Verbindungsstraße zwischen der lauten und geschäftigen Mariahilfer Straße und der hippen Welt des sechsten Bezirks. Und eigentlich ist sie ein Universum für sich selbst. Gleich links, am oberen Ende der Gasse, grüßt einen das

Geschäft für Comicfans und Superhelden-Fanatiker: der **Comictreff**. Seit 1990 können Fans von Manga, Marvel oder Star Wars hier finden, was sie suchen. Eine unglaubliche Welt von Fantasy und Helden der Menschheit, in der man sich mit Leichtigkeit verlieren kann.

Gegenüber wartet **Mode aus der Natur** auf uns - ökonomisch, nachhaltige Kleidungsstücke aus Naturmaterialien fürsorglich ausgewählt von der Inhaberin Ingrid Frank. Im Angebot findet ihr sowohl Kleidung für Damen als auch für Kinder. Neben Mode, ist aber auch in Sachen Einrichtung für alles gesorgt. Auf der anderen Straßenseite befindet sich das liebevoll gestaltete Einrichtungshaus **Nanna**, wo skandinavische Highlights für die eigenen vier Wände warten.

Ziehen wir weiter, so müsste man eigentlich sofort die Mittagspause einläuten, denn das kulinarische Angebot ist so vielfältig, dass man kaum widerstehen möchte. Rechts ein Grieche, links ein Café, danach der Italiener **Frascati** und das vegetarisch, vegane Lokal **Formosa** und zu guter Letzt das **Café Pierre**, das mit französischen Spezialitäten verführt.

UMS SCHADEK IN DEN PARK

Nun haben wir also das Café Pierre links von uns und erblicken rechts schon das Haus des Meeres, das sich im Flakturm aus dem Zweiten Weltkrieg befindet. Rechts von uns noch immer die riesige Pizzeria Frascati und die Scha-

Barnabitengasse

dekgasse, die sich bis zur Mariahilfer Straße hinauf zieht. Wir wandern also ums Eck und diese Gasse entlang.

Gleich zu Beginn folgen wir einem Geheimtipp ins Obergeschoss des Hauses mit der Hausnummer 2a. Dort befindet sich das Geschäftlokal der Designerin Eva Poleschinski, die schon in Berlin, New York und Paris bei der Fashion Week mitgemischt hat. Extravagante Mode und eine exzellente Verarbeitung zeugen von einer großen Portion Qualität im **Up Store Vienna**.

Wer aber nicht nach Mode sucht, sondern nach Drinks und Gemütlichkeit, der kann sich entweder im **Futuregarden** niederlassen, wo neben Bargetränken auch oft musikalische Acts am Programm stehen. Oder man geht noch ein Stückchen weiter zur **Schadekgasse 12**, wo sich das gleichnamige Café befindet. Als Schwesterlokal des Liebling ist es mindestens genauso anziehend für Hipster und Berlinliebhaber und trumpft nicht nur durch das Mate-Angebot, sondern auch durch die stylische WC Anlage.

Schräg gegenüber trennt uns eine Wand beziehungsweise die rückseitige Fassade des Amerlinggymnasiums vom Esterházypark. Eine Wand, die aber nicht minder interessant ist. Dort hat der belgische Street-Art Künstler ROA im Jahr 2013 eines seiner berühmten Tiere hinterlassen. Damals fand in der Inoperable Gallery eine Ausstellung mit und zu seinen Werken statt, die sich in Städten am gesamten Globus finden lassen.

Wir wagen uns, wo die Nelkengasse die Schadekgasse kreuzt über den Fritz-Grünbaum-Platz in den Esterházypark hinein.

ZERSCHMETTERT IN STÜCKE, IM FRIEDEN DER NACHT

Warum wir uns da wagen müssen? Na, der Esterházypark ist zwar schön, jedoch auch Standort einiger geschichtlichen Dunkelperioden. Beginnen wir mit dem markanten Kunstwerk, das sich am Dach des Haus des Meeres befindet. „Smashed into pieces (in the still of the night)" ist dort in deutscher und englischer Variante zu lesen. Der amerikanische Künstler Lawrence Weiner schuf dieses kritische Werk im Rahmen der Wiener Festwochen im Jahr 2001, um ein klares Statement gegen Nationalsozialismus und Faschismus abzugeben. Dadurch wurde der ehemalige Flakturm, der im zweiten Weltkrieg als Luftschutzbunker genutzt wurde, vom Kriegsrelikt zum Mahnmal gegen die Gräueltaten dieser Zeit. Auch eine Dauerausstellung im Haus des Meeres und viele Informationen zur früheren Nutzung des Flakturms befinden sich im Inneren.

Ein weitere Dunkelperiode kann gleich nebenan im Wiener **Foltermuseum** erforscht werden. Dort wird die Geschichte von Folter und „Strafgesetz" in Österreich erzählt und anschaulich dargebracht. Ein Must-See für Geschichte-Fans!

MEHR ALS NUR MEER

Die alternative Nutzung des Flakturms ist mit der Erschaffung des Haus des Meeres wahrlich gelungen. Heute tummeln sich hier Kinder, Eltern und Interessierte, um mehr über Meerestiere und Reptilien zu lernen. Auf zehn Stockwerken befinden sich Aquarien, Fischbecken, Affen und Vögel, Terrarien für Schlangen und Insekten und jede Menge kinderleicht aufbereitete Information. Ganz oben, im 11. Stockwerk befindet sich das Café **ocean's sky**, das mit der Dachterrasse einen unbeschreiblichen Überlick über Wien bietet.

Rund um das Haus des Meeres kann man aber auch im Esterházypark sehr viel entdecken. Der Park ist das Überbleibsel des einstigen Sommerpalais Albrechtsburg, das 1814 in den Besitz der Familie Esterházy überging und schließlich von der Stadt Wien im Jahr 1868 gekauft und öffentlich zugänglich gemacht wurde.

Heute finden sich dort sowohl ein Kinderspielplatz und eine Kletterwand als auch eine eigene Hundezone.

DAS SPORT EPIZENTRUM DER GUMPENDORFER STRASSE

Durchquert man den Esterházypark, so findet man im südwestlichen Eck einen kleinen Stiegenabgang zur Gumpendorfer Straße beziehungsweise zur noch kleineren Blümelgasse. Genau an diesem Eck kann es vorkommen, dass durch Glasfenster schweißgetriebene Menschen zu sehen sind, die sich beim Crossfit im **Crossfit ACE** an ihre Grenzen treiben. Schräg gegenüber - an der anderen Straßenseite - sieht man zwar nicht direkt hinein in die Räumlichkeiten, aber auch dort geht es sportlich zu. Die **Karate Union Wien** trifft sich fast täglich hier, um Kampfsport in allen Schwierigkeitsstufen zu betreiben.

Wir haben aber noch nicht genug von den schweißtreibenden Aktivitäten und so passt auch Yoga ganz gut ins Bild. Aber nicht nur irgendein Yoga. Hot Yoga Vienna. Das bedeutet, dass während der Yoga Übungen der Raum auf eine Temperatur von über 30°C aufgeheizt wird und somit ganz andere Voraussetzungen für eine Yoga-Einheit bestehen. Da braucht man dann garantiert keine Sauna mehr.

A, WIE AUF INS APOLLO!

Für die etwas Gemütlicheren unter uns muss es aber auch nicht unbedingt Sport sein. Schließlich ist es schon längst an der Zeit, ausgiebige Ess-Einheiten als Olympische Disziplin anzuerkennen. Etwas weiter die Gumpendorfer Straße stadteinwärts kann man für diese Spiele schon einmal üben, denn da befindet sich das **AJ's American Diner**, wo Burger, Fries und Hotdogs für den großen Hunger angeboten werden.

Wandern wir den Weg nun noch ein Stückchen weiter, so kommen wir wieder an jenen Ort zurück, wo wir vorhin an der Barnabitengasse herausgekommen sind. Links von uns der Treppenaufgang zum Haus des Meeres mit den vier Statuen, die 1896 von dem Lazanskyhaus übertragen wurden. Das Haus befand sich am Stock-im-Eisen-Platz 1 am Stephansdom und wurde 1896 abgerissen. Schräg gegenüber das Café Pierre und ein Blick in die Windmühlgasse und rechts das Apollo Kino. Das Gebäude wurde 1904 errichtet und beheimatete damals noch das Apollo Theater. Heute ist es mit dem IMAX das größte innerstädtische Kino Wiens. Gerne würden wir uns jetzt gleich in einem der elf Säle im Apollo Kino niederlassen und unsere Füße entspannen, aber wir haben noch viel vor uns!

VON DER GUMPENDORFER IN DIE GUMPENDORFER

Der Weg führt uns ums Kino herum, die Magdalenenstraße rein und gleich wieder in die Eggerthgasse, wo wir Lotte einen Besuch abstatten. **Lotte näht** nämlich und die Dinge, die sie in ihrer liebevollen Handarbeit fabriziert sind so lieb, da kann man einfach nicht vorbeigehen.

Die Eggerthgasse hat ihren Namen von einem gewissen Herrn Josef Eggerth, der 1852 in der Querstraße das Esterházybad errichtete. Es war das erste Dampfbad, oder „Heilluftbad" Wiens und mit mehreren Wannen ausgestattet. Die Luftbadgasse erinnert uns noch heute an diese Zeit.

Für uns geht es jetzt aber weiter durch die Dürergasse bis zur Joanelligasse. Don Cölestin Joanelli hieß übrigens der Barnabit, der 1660 das Gnadenbild Mariahülf spendete - wisst ihr es noch? In der Joanelligasse angekommen, wandern wir diese links hinaus bis wir schließlich wieder an der Gumpendorfer Straße herauskommen.

Ein Blick nach links lässt uns zweierlei hippe Lokalitäten entdecken. Auf der einen Straßenseite das **Kellerwerk**, wo Upcycling Möbel verkauft werden und Designobjekte aus recyceltem Material die Ausalgen schmücken. Zum anderen der **Eissalon Joanelli**, der aber ganz und gar kein Eissalon ist. Hier werden eher Bargetränke und lustige Abende angeboten - und das in hipsterisch, coolem Ambiente.

Für uns geht es nach rechts, wo uns das **Natsu** ins Auge sticht. Hier gibt's bewährt günstig-gutes Sushi, das auf der dauerhaften „Rabattkarte" angepriesen wird. Durch die günstigen Preise herrscht meist auch ein relativ reges Treiben und so ist der Fisch frisch und die Kunden sind glücklich.

FOLGT DER STIEGE OHNE STUFEN BIS ZUR BRÜCKE OHNE KETTEN

Weit gehen wir aber gar nicht, denn schon bei der nächsten Querstraße biegen wir wieder rechts ab und gehen die Stiegengasse hinunter - keine Angst, es wird nicht zum Treppensteigen kommen. Der Name rührt daher, dass die Stiegengasse früher einmal fast zur Gänze aus Stufen bestand. Heute hat sich dieser anstrengende Teil auf das Stück oberhalb der Gumpendorfer Straße beschränkt und der Teil der Straße, der zum Naschmarkt führt, wurde vollends begradigt. Wir können also erleichtert nach unten wandern.

Am unteren Ende dieser Gasse, finden wir die **Inoperable Gallery**. 2006 zuerst in der Lindengasse, dann in der Burggasse und seit 2014 hier in der Stiegengasse zu finden. Im Mittelpunkt steht Urban Contemporary Art; zahlreiche Street Artists haben schon mit der Galerie zusammengearbeitet. Darunter auch der aus Ghent stammende Künstler ROA, der 2013 das Tierkunstwerk in der Schadekgasse erschuf, das wir vorhin schon bewundert haben.

SOUVENIR TO GO UND AB NACH HAUSE

Ob wir nun echte Wiener oder einfach nur zu Besuch hier sind - eine kleine Erinnerung an das schöne Wien zum mit nach Hause nehmen kann nie schaden. Deswegen biegen wir noch ein letztes Mal links ab und statten **Vienna to go** einen Besuch ab. Der kleine Shop hat sich auf Accessoires und (Geschenks-) Artikel von heimischen Designern spezialisiert, die auf irgendeine Art und Weise dann doch das schöne Wien verkörpern. Dort findet man bestimmt Dinge, die nicht jeder hat und die nicht nur an Wien erinnern, sondern auch noch stylisch sind.

Nach diesen vielen Lokalen, Shops, Sehenswürdigkeiten und Schritten, die wir hinter uns gebracht haben, ist es keine Schande, wenn man sich freut nach Hause zu kommen. Zum Glück ist die U4 Station Kettenbrückengasse in fast greifbarer Nähe! Die Kettenbrücke, die der Station den Namen verliehen hat, ist jedoch genau wie die Straßenstiege in der Stiegengasse heute nicht mehr zu finden.

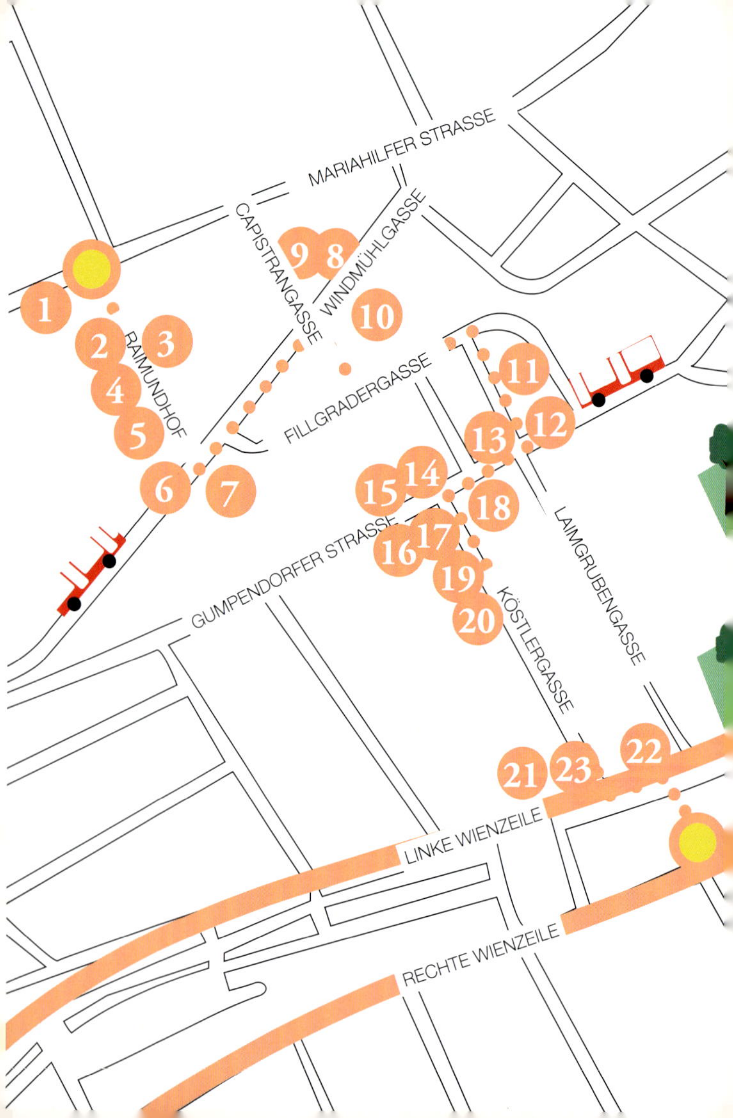

MARIAHILFER STRASSE
CAPISTRANGASSE
WINDMÜHLGASSE
RAIMUNDHOF
FILLGRADERGASSE
GUMPENDORFER STRASSE
KÖSTLERGASSE
LAIMGRUBENGASSE
LINKE WIENZEILE
RECHTE WIENZEILE
1
2
3
4
5
6
7
8
9
10
11
12
13
14
15
16
17
18
19
20
21
22
23

1. EIS GREISSLER
Mariahilfer Straße 33
2. JUICE DELI
Raimundhof / Mariahilfer Straße 45/20
3. CAFÉ IM RAIMUNDHOF
Raimundhof / Mariahilfer Straße 45
4. NICE RICE
Raimundhof / Mariahilfer Straße 45/49
5. GRAF UND GRÄFIN VOM RAI-MUNDHOF
Raimundhof / Mariahilfer Straße 45
6. ZUM G'SCHUPFTN FERDL
Windmühlgasse 20
7. UNTER UMSTÄNDEN
Windmühlgasse 15
8. TIME OUT CITY HOTEL
Windmühlgasse 6
9. CAFÉ KAFKA
Capistrangasse 8
10. LAIMGRUBENKIRCHE
Windmühlgasse 3
11. BEETHOVENHAUS
Laimgrubengasse 22
12. 6ROOMS
Gumpendorfer Straße 22
13. DWH STORE
Gumpendorfer Straße 24
14. ANUKOO, 28
Gumpendorfer Straße 28
15. MAREA ALTA
Gumpendorfer Straße 28
16. ST. CHARLES ALIMENTARY/COMOTHECARY/APO-THEKE
Gumpendorfer Straße 31-33
17. MAMSELL
Gumpendorfer Straße 31-33
18. MAMA LIU & SONS
Gumpendorfer Straße 29
19. BLUMENGESTALTEN
Köstlergasse 11
20. SMART CAFÉ
Köstlergasse 9
21. WIENZEILENHÄUSER, LINKE WIENZEILE
Linke Wienzeile 38 - 40
22. ON MARKET
Linke Wienzeile 36
22. CAFÉ SAVOY
Linke Wienzeile 36
23. DRECHSLER
Linke Wienzeile 38 - 40
23. SUK-SUSHI
Linke Wienzeile 38 - 40

FRISCH VON SIEBTEN, REIN IN DEN VIERTEN

Wo wir einst noch den Spaziergang durch den Siebten aufgehört haben, da beginnt eine neue Reise quer durch den Sechsten. Von der Mariahilfer Straße zwischen Tradition und Innovation durch Höfe und über Treppen bis zur geschäftigen Gumpendorfer Straße und schließlich für ein, zwei (oder drei?) Drinks zum Naschmarkt. Wie immer gibt es dazwischen eine feine Auswahl an geschichtlichen Highlights, die ihr nicht verpassen dürft!

FRISCH VON SIEBTEN, REIN IN DEN VIERTEN

Gestartet wird dieses Mal noch im 7. Bezirk. Da, wo eine unserer letzten Touren aus dem Siebensternviertel aufgehört hat, beginnen wir mit einer neuen und schaffen es am Ende fast bis zur Schleifmühlgasse im 4. Bezirk. Die Stiftgasse liegt hinter uns, die Stiftkaserne, die vielen tollen Lokale, das Irishpub, die junge Mode und die individuellen Shoppingmöglichkeiten.

Vor uns liegen die unendlichen Möglichkeiten der Mariahilfer Straße. Schräg links kann man den traditionell aussehenden kleinen Shop des **Eis Greissler** erkennen. Mit der Eröffnung der ersten Wiener Filiale in der Rotenturmstraße und dem darauf folgenden Ansturm inklusive Warteschlangen bis ums nächste Hauseck hat sich der Eisladen einen Namen gemacht. Auch in der Mariahilfer Straße muss man immer wieder einmal Anstehen, aber die originellen Sorten und die Auswahl an (auch) veganen Eiskreationen sind es Wert zu warten!

DES RAIMUNDS HOF IST EINE EIGENE WELT

Für uns geht es rechts weiter - da schicken wir euch durch ein geheimes Tor in ein verwunschenes Land. Naja, nicht ganz - aber zumindest fühlt es sich so an, wenn man den Raimundhof - oder besser: die Raimundhöfe - durchschreitet. Benannt nach dem Dichter und Schauspieler Ferdinand Raimund (*1790 +1832), der hier geboren wurde. Der Durchgang stellt die Verbindung zwischen Mariahilfer Straße 45 und Windmühlgasse 20 dar und ist ein praktisches Bindeglied für Fußgänger. Die vier Höfe beheimaten verschiedene Shops und Cafés und werden teilweise durch Stiegenaufgänge verbunden.

Gleich im ersten Hof finden wir rechts einige Schaufenster gefüllt mit Schmuck aber auch eine kleine Fassade, auf der man „**Juice Deli**" lesen kann. Hier wird frisches Obst und Gemüse zu Smoothies und Drinks verarbeitet, die in kleinen Fläschen gekauft werden können. Die Kombinationen sind endlos, kreativ, ziemlich lecker und garantiert gesund! Geradeaus links sieht man ein Café, das den passenden Namen „**Café im Raimundhof**" trägt. Spazieren wir weiter, so werden wir bald auf die **Gräfin vom Raimundhof** treffen, deren Angebot sehr vielfältig ist. Von perfekten Geschenkideen über Grafikdesign bis zur Fußpflege wird hier so ziemlich alles angeboten. Dazu gehört auch der **Graf vom Raimundhof**, der sich ausschließlich auf tolle Dinge für Männer spezialisiert hat. Der nächste kulinarische Hotspot heißt „**Nice Rice**" und dort wird persisch aufgekocht. Gewürze, Traditionelles und viel Vegetarisches steht auf der Speisekarte.

Noch sind wir nicht ganz durch alle vier Höfe gewandert, da treffen wir auf Bierbänke und Brettljausen. Spannend! Fast ein bisschen, wie beim Heurigen. Das kommt daher, dass wir schon fast am letzten Durchgang zur Windmühlgasse angelangt sind und sich genau hier der „G'schupfte Ferdl" befindet. Der Stadtheurige mitten in Wien, der eine Mischung aus grell-modern-minimalistisch und traditionell-wienerisch verkörpert. Wäre der **G'schupfte Ferdl** eine Band, so könnte man an 5/8erl in Ehr'n denken, die übrigens hier auch schon gespielt haben.

DIE ZEIT SPIELT UNTER UMSTÄNDEN EINE ROLLE

Nun, da wir durch den Raimunhof hindurchgeschlüpft sind, bewegen wir uns langsam links die Windmühlgasse hinauf. Dort ist auch schon bald ein Geschäft angesiedelt, das alles für Schwangere bereithält. Eine große Auswahl an Stillpullis und Umstandshosen und nicht zuletzt eine fachgerechte Beratung. Im **Unter Umständen** werden werdende Mütter verwöhnt. Weiter die Straße entlang, kreuzen wir die Capistrangasse und finden uns vor dem **Time Out City Hotel** wieder. Dieses Hotel ist nicht nur Schlafgelegenheit, sondern auch Unterkunft für all jene, die den Alltagstrott hinter sich lassen wollen und für ihre Zeit in Wien ein Time Out einlegen. Auch in der Lounge im Erdgeschoss kann man bei Drinks oder Snacks die Zeit genießen.

Wo aber die Uhr tatsächlich stehen bleibt, das ist im **Café Kafka** nur ein paar Meter weiter die Capistrangasse hinauf. Dieses Prachtstück an Wiener Kaffeehauskultur hat es geschafft, den Bogen zwischen Wiener Kult und jungem Retro-Charme zu spannen, sodass das Publikum tatsächlich vom alt-bewährten Stammgast bis zur Studentengruppe reicht. Im Café Kafka ist es dunkel und gemütlich und garantiert gut!

ES WAR EINMAL ...

Weiter geradeaus in der Windmühlgasse befindet sich auf der rechten Seite die Laimgrubenkirche. Dort, wo diese heute steht, stand schon im 14. Jahrhundert ein Gotteshaus. Auch das Theobaldkloster, das der nahegelegenen Theobaldgasse ihre Namen gab, befand sich genau hier. Die Kirche, wie man sie jetzt findet, wurde um 1900 als Replik der „alten" Laimgrubenkirche gebaut, die demoliert werden musste. Für kurze Zeit standen also zwei „gleiche" Kirchen direkt hintereinander.

Für uns geht es jetzt aber weder geradeaus noch nach links, sondern rechts in die Capistrangasse, wo wir über eine Stiege hinunter wandern und auch bald schon die Fillgradergasse kreuzen, wo wir links abbiegen. Entlang der Stiege in der Ca-

Filgradergasse

pistrangasse sind einige einmalige Beispiele für Wiener Street Art zu finden. Vor uns tut sich jetzt der Blick auf die Fillgraderstiege auf, die direkt gegenüber des Fillgraderhofes zu finden ist. In unserem nächsten Spaziergang werden wir tatsächlich über diese denkmalgeschützte Stiege wandern, jetzt biegen wir aber noch vorher in die Laimgrubengasse ein.

Da finden wir nämlich ein Haus, in dem niemand geringerer als Ludwig von Beethoven selbst lebte. Zwar nur für ein Jahr (zwischen 1822 und 1823), aber dafür in einer seiner legendärsten Schaffensperioden. Ein Teil seiner 9. Symphonie etwa muss in diesen Räumlichkeiten entstanden sein.

DAS TUMMELN AUF DER GUMPENDORFER STRASSE

Schon erreichen wir die Kreuzung zur Gumpendorfer Straße. Hier gibt es wieder so viel zu sehen, dass man kaum weiß wo man anfangen soll. Links von uns, bei der Hausnummer 22 befindet sich das **6rooms** - eine Übernachtungsmöglichkeit als Selbstversorger in stylischen Apartments. Wer also länger als nur für einen Kurzurlaub in Wien ist, kann hier gut wohnen. Rechts von uns, bei der Hausnummer 24, erwartet und der **DWH Store** mit Mode für Fashionistas. Es zieht uns unweigerlich weiter in diese Richtung und wir bleiben auf der Straßenseite mit den geraden Hausnummern. Als nächstes erwartet uns Shopping-Freudige das **Anukoo**, das mit nachhaltiger Mode auftrumpft. Zwar nicht zum Shoppen, aber für einen Besuch am späteren Abend geeignet, befindet sich auch die Bar **Marea Alta** hier, die sich als Lesben- und Schwulenbar sehr gut etabliert hat.

Jetzt aber tauchen wir in die Welt von Saint Charles ein. Auf unserer Seite, bei Hausnummer 30, befindet sich die **Saint Charles Apotheke**. Dort gibt es, was man in einer Apotheke erwartet. Klassische Arzneimittel und Medikamente für Gesundheits-Suchende. Aber - und das ist es, was Saint Charles unterscheidet - es gibt hier vor allem auch natürliche Heilmittel, Kräuter und Ressourcen aus der Natur, die zu heilbringenden Mitteln verarbeitet wurden. Die Apotheke selbst ist modern, aber man merkt die traditionellen Wurzeln und ethischen Ansprüche an die Umwelt in allen Belangen. Da man sich jedoch nicht nur auf die „einfachen" Medikamente beschränken wollte, findet sich gegenüber, bei Hausnummer 31-33 sowohl die **Saint Charles Cosmothecary** als auch die Saint Charles Alimentary. In ersterer hat man sich auf Naturkosmetik spezialisiert. Die Alimentary ist für gesunde Kulinarik zuständig. Die kleine Küche, die man auch als „Mamsell" kennt, wird von Nora Kreimeyer geführt und verspricht täglich hausgemachte Gerichte.

Kulinarisch geht es weiter, wenn wir die nächste Straße rechts einbiegen und vorher noch einen Blick zu **Mama Liu & Sons** werfen. Das modern eingerichtete Lokal wurde von den beiden Liu Söhnen neu in Schale geworfen, währen Mama Liu fürs Kochen zuständig ist. Chinesische Spezialitäten serviert mit hochwertigen Bargetränken erwarten den Gast.

AUF ZUR WIENZEILE

Die Köstlergasse führt uns nun schön langsam Richtung Naschmarkt und an die Linke Wienzeile. Aber da entdecken wir noch einen Blumenladen, der uns nicht vorbeiwandern lässt - wir müssen einfach hineinschauen. Frischer Blumenduft steigt in unsere Nase, filigrane Gefäße zieren die Wände und Topfpflanzen stehen in den Regalen. Bei **...blumengestalten** weiß man wirklich, wie man mit Blumen gestaltet. Ein sehr angenehmes Geschäft, das von Accessoires und Blumensträuße bis zur Schaufenster oder Büro-Gestaltung alles anbietet.

Als wir uns endlich vom Blumeduft loseisen können und weiter wandern, sticht uns noch ein besonderer Freigeist der Kaffeehausszene ins Auge. Das **SMart Café** bei der Hausnummer 9. In diesem Café (das schon eher als Bar oder Treffpunkt bezeichnet werden könnte), treffen sich Freunde des Sado-Maso und haben die Möglichkeit sich auszutauschen oder ihren Vorlieben im hinten angesiedelten Studio gemeinsam nachzukommen.

Nun denn - da haben wir auch schon die Wienzeile erreicht. Und schon befinden wir uns mitten in den Geschichten rund um Otto Wagner und seinen Plänen, die Linke Wienzeile zu einem Prachtboulevard zu verwandeln. Dieses Vorhaben ist nicht zur Gänze geglückt, jedoch hat Otto Wagner drei Häuser hinterlassen, die seinen Vorstellungen entsprachen und perfekt den Jugendstil der damaligen Zeit widerspiegeln.

Das erste Haus, das wir sehen ist das **Otto-Wagner-Haus** in der Köstlergasse 3, in dem der Architekt selbst gelebt hat. Seine schlichte Fassade ist im Vergleich mit den beiden anderen Häusern fast zu wenig prunkvoll gehalten. Legenden besagen, dass Otto Wagner in diesem Haus eine gläserne Badewanne gehabt haben soll. Sie wurde jedoch niemals gesehen oder gefunden.

Angrenzend befindet sich eine Filiale der Bank Austria, die sich im Haus an der Linken Wienzeile mit der Hausnummer 38 befindet. Es ist in weiß gehalten und mit goldenen Stuckverzierungen übersäht. Das Highlight der Otto-Wagner-Häuser bildet jedoch das **Majolikahaus** mit der Hausnummer 40. Es ist mit witterungsbeständigen Fließen bedeckt, die mit Floral-Malereien verziert sind. Und tatsächlich, diese Fassade ist nicht zu übersehen und wunderschön.

ESSENS-PARADIES BEIM NASCHMARKT

Links von uns breitet sich aber schon der Naschmarkt mit seinen zahlreichen Ständen, Gewürzen und Obst- und Gemüsehändlern aus. Kein Wunder, dass sich hier ein Konglomerat an guten Lokalen, Bars und Restaurants gebildet hat. Nicht nur am Naschmarkt selbst, sondern auch in den angrenzenden Straßen kann sich der Gast daher genüsslich von Mittagsmenü zu Mittagsmenü kosten, oder seine Lieblingsgerichte vergleichen. Uns führt der Weg gleich links von uns ins **Café Savoy**. Ein Mekka für die Wiener

Schwulenszene. Ein traditionelles Wiener Kaffeehaus, in dem eine Melange an Persönlichkeiten Platz findet. Angrenzend besteht die Möglichkeit im **ON-Market** bei einer asiatischen Köstlichkeit einzukehren. Und nur wenige Meter weiter, in der Laimgrubengasse 5, warten die Jungs der **Tonstube** auf Gäste. Am Abend kann man dort zu Drinks und Musik den Tag Revue passieren lassen.

Wer doch noch weiterspazieren will, der passiert alsbald auch den **Alfred-Grünwald-Park**. Eine der wenigen Grünanlagen im sechsten Bezirk. Wenn dann die Häuser wieder beginnen und somit auch die unendliche Auswahl an guten Lokalen wieder die Entscheidung schwer macht, sind wir also am **Café Drechsler** angelangt. Ein Klassiker, der auch als Anlaufstelle für Nachtschwärmer bekannt wurde. Daneben, in der **SUK-Sushi Bar** kann man hingegen günstig gutes Sushi erwerben.

AUSKLANG IM NASCHMARKT

So, nun haben wir ein gutes Stück Geschichte, noch viel mehr kulinarische Erlebnisse und sogar ein paar Höhenmeter hinter uns, sodass wir uns einen gemütlichen Tagesausklang am Naschmarkt redlich verdient haben. Zum Feierabend sind die Lokale zwar gerne rappelvoll, aber irgendwo finden wir schon ein Plätzchen. Im TEWA, im deli oder im Do-An vielleicht? Oder doch lieber traditionell im „Zur Eisernen Zeit"? Die Auswahl am Naschmarkt ist so vielfältig - da findet bestimmt jeder das Richtige!

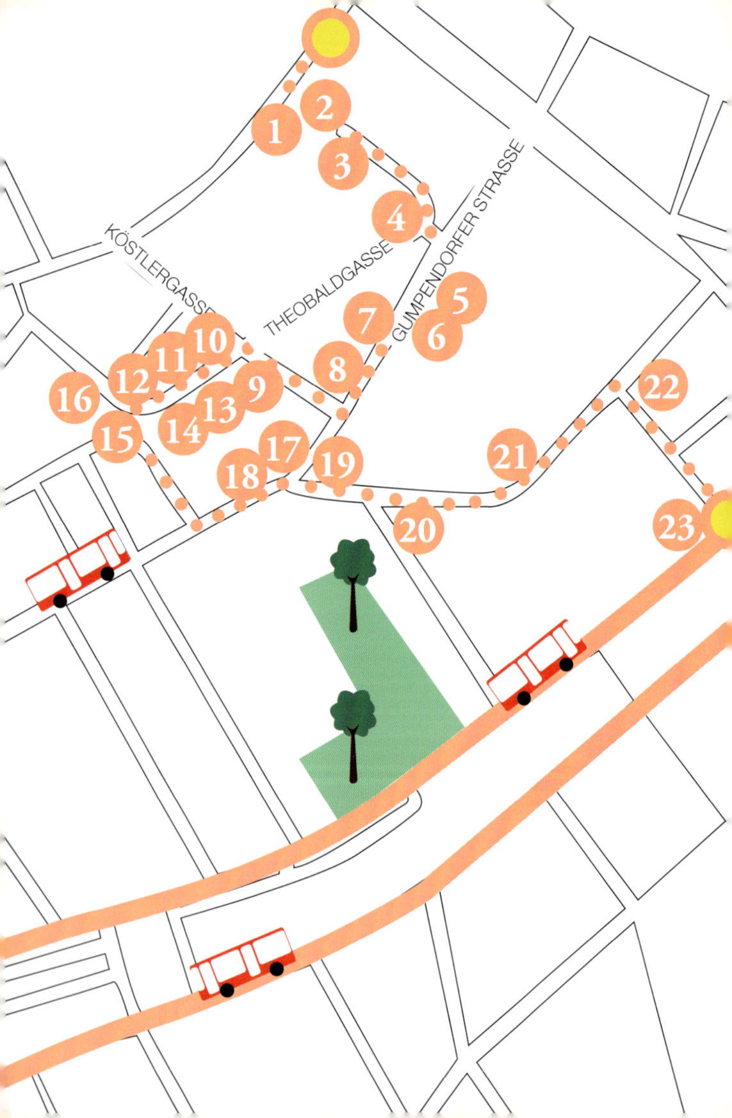

KÖSTLERGASSE
THEOBALDGASSE
GUMPENDORFER STRASSE
1
2
3
4
5
6
7
8
9
10
11
12
13
14
15
16
17
18
19
20
21
22
23

1. CASA PICCOLA
Mariahilfer Straße 1b

2. RAHLSTIEGE & KUNSTWERK & GÄNSEMÄDCHENBRUNNEN
Rahlgasse

3. AUX GAZELLES
Rahlgasse 5

4. TOPKINO
Rahlgasse 1

5. FELIXX
Gumpendorfer Straße 5

6. RA'MIEN 9
Gumpendorfer Straße 9

7. SHANGHAI TAN
Gumpendorfer Straße 9

7. IF DOGS RUN FREE
Gumpendorfer Straße 10

8. PHIL
Gumpendorfer Straße 10-12

9. VERALIE
Königsklostergasse 5

10. AKRAP
Königsklostergasse 7

11. FEINKOCH
Theobaldgasse 14

12. HASE UND IGEL
Theobaldgasse 16

13. MONAMI
Theobaldgasse 9

14. WELLMANN,
Theobaldgasse 11

14. PIZZA NERONE
Theobaldgasse 13

15. ANZÜGLICH
Theobaldgasse 9

14. WE BANDITS STORE
Theobaldgasse 14

12. FILLGRADERSTIEGE
Fillgradergasse

16. FILLGRADERHOF
FILLGRADERGASSE

16. PENSION MOZART
Theobaldgasse

17. DOWNSTAIRS
Theobaldgasse15

17. STUFENSCHNITT

16. CAFÉ SPERL
Gumpendorfer Straße 11

20. HANIL
Gumpendorfer Straße 10

18. BENJAMINIS
Gumpendorfer Straße 16

19. PUFF
Girardigasse 10

21. SEMPER DEPOT
Lehárgasse 6-8

22. IN GOOD SHAPE
Lehárgasse 3A

23. THEATER AN DER WIEN
Linke Wienzeile 6

WIR MACHEN THEATER!

Das Highlight dieses Spaziergangs wird ein Besuch im Theater an der Wien sein - so viel sei verraten. Vorher gilt es aber noch das ein oder andere Café zu entdecken, Schmuck und Kleider zu kaufen und unendlich viel zu Essen, um die Kalorien dann wieder schnell runter zu trainieren.

WIR MACHEN THEATER!

Wir befinden uns am untersten Ende - also am Anfang - der Mariahilfer Straße. Dort, wo auch Autos noch fahren dürfen, wenn sie es schaffen, sich zwischen Fußgängern und Fahrradfahrern hindurchzuschlängeln. Das MuseumsQuartier in unmittelbarer Nähe, der Shoppingwahnsinn nebenan und die Ringstraße ein paar Schritte weiter. Auf unserem Weg lassen wir jedoch all das hinter uns und widmen uns den Lokalen, Shops und Sehenswürdigkeiten, die uns am Weg zwischen Mariahilfer Straße und Theater an der Wien begegnen.

KULTUR UND GESCHICHTE

Vor uns der **Gänsemädchenbrunnen**, der früher einmal direkt vor der Barnabitenkirche platziert war und dann jedoch vom Haydn Denkmal verdrängt wurde. Es zeigt ein Mädchen mit Gans und ist ein Relikt des Geflügelmarktes, der im 9. Jahrhundert am Stephansplatz stattfand. Errichtet wurde er

1865/1866 und seit 1886 ist er an seinem heutigen Ort - vor der Rahlstiege - zu finden.

Rechts von uns befindet sich eine große Humanic Filiale. Das ist in diesem Sinne nicht unbedingt relevant - das Gebäude jedoch trägt den charmanten Namen „**Casa Piccola**". Es gehörte einst einem gewissen Herrn Dominik Casapiccola und der verglaste Mauervorsprung bot damals einen wunderschönen Weitblick. Heute ist das Gebiet wohl schon etwas zu verbaut für diesen Zweck.

Wenn wir uns nun in Bewegeung setzen, so starten wir über die **Rahlstiege** direkt in die Rahlgasse. Diese Stiege ist nach dem Maler Carl Rahl (*1812 - +1865) benannt und besteht in dieser Form seit 1870, als viele Vorstädte zur Stadt Wien eingemeindet wurden. Dabei wurde die Stadtmauer, die sich unweit von hier befand, demoliert und neue Stadtviertel, Straßen und Verbindungspunkte gebaut.

Haben wir diese erste Hürde überwunden, sehen wir auch schon das nächste Kunstwerk. Die **Gerngrosssäule**, die im Jahr 2007 von Franz West konstruiert wurde. Es handelt sich dabei um eine Betonsäule, die aus aufeinander gestapelten „Eimern" zu bestehen scheint. Ganz oben befindet sich ein quer liegendes Ei mit der seitenverkehrten Inschrift „Gerngross". Das bezieht sich aber keineswegs auf das nahegelegene Einkaufszentrum, sondern auf den 1939 geborenen Architekt und Künstler Heidulf Gerngross.

TOP-GENUSS

Hat man das Kunstwerk gefunden, so findet man auch schnell das **Aux Gazelles**. Es ist Restaurant, Club, Beauty Salon und Hammam gemeinsam und hat nicht nur Vielfalt, sondern vor allem Luxus zu bieten. Nordafrikanische Einflüsse spiegeln sich in der Küche wider und so ist es ganz klar, dass viele Gewürze, Tajine und Couscous auf uns warten. In der Bar versprechen heiße Drinks einen aufregenden Abend und im Hammam? Da wartet Entspannung pur, wenn man in dem orientalischen Bad von den Masseuren verwöhnt wird und den Alltagsstress hinter sich lassen kann. Zur Auswahl stehen drei verschiedene Temperaturzonen, geöffnet ist bis 10:00 Uhr abends und jeder Gast wird mit allen nötigen Utensilien ausgestattet.

Nach dieser Tiefenentspannung könnte es leicht sein, dass einige den Spaziergang gleich hier am Anfang wieder beenden wollen. Für alle anderen, abenteuerlustigen Stadtspazierer geht es jetzt mit Kino weiter. Dort wo sich Theobaldgasse, Rahlgasse und Gumpendorfer Straße treffen, da befindet sich der sogenannte Papiermacher Platz und - was uns gerade noch mehr interessiert: das **Topkino**. Es ist eines der Schaubühnen in Wien, wo weniger Mainstream- und mehr Wahlfilme gespielt werden. Ausgezeichnete Klassiker aus Cannes zum Beispiel oder österreichische Filme. Was aber hier auf alle Fälle dazu gehört, ist der Aufenthalt im Topkino ganz ohne Film. Zum Frühstück, für einen Kaffee oder für den gemütlichen Spritzer am Abend. Topkino ist auf alle Fälle top!

ABKÜRZUNGSVERSUCH

Nun, wo viele schon im Aux Gazelles verloren gegangen sind, kommt eine Wegkreuzung, wo die Nächsten den Spaziergang verkürzen könnten. Und zwar mit einer Wanderung durch die **Technische Universität**. Irgendwo gegenüber des Papiermacher-Platz an der Gumpendorfer Straße befindet sich der Eingang zum Institutsgebäude für Technische Chemie. Zwischen 2010 und 2014 hat sich hier ganz schön viel getan, denn es wurden Gebäude sowohl saniert als auch gebaut und heute befindet sich Wiens erstes Plus-Energie-Hochhaus genau hier. Anstatt Strom zu verbrauchen, produziert es diesen sogar. Daumen hoch! Wer also hier durchwandert, kommt entweder am Getreidemarkt oder aber in der Lehárgasse wieder heraus und könnte von da unserem Spaziergang sogar wieder weiter folgen.

COCKTAILS, KULINARIK UND EIN VOLLER MAGEN

Wir wollen aber nichts verpassen, denn die Gumpendorfer Straße hält in diesem Abschnitt besonders viel Kulinarisches bereit und Essen kann wohl nie schaden. Also biegen wir vom Papiermacher-Platz links in die Gumpendorfer Straße und stoßen schon bald auf eine Cocktailbar, die sich da **Felixx** nennt. Ein Treffpunkt für die Gay-Szene und Herberge eines imposanten Kristallllusters, den man sich einmal angeschaut haben muss.

Weiter geht es und jetzt befinden wir uns aber wahrhaftig im Food-Himmel. Links von uns das asiatische Stammlokal

Ra'mien, das schon seit langer Zeit mit Nudeln und Suppen überzeugt und gleich angrenzend das mystische **Shanghai-Tan**, das eine ähnliche Speisekarte aber ein völlig anderes Ambiente verspricht. Hier laden dunkles Holz und rotes Licht zu einem romantischen Abendessen ein.
Die andere Straßenseite ist da schon eher von Getränken geprägt. Die unscheinbare Fassade und das schlichte Innere der Cocktailbar **If dogs run free** lassen gar nicht vermuten, dass man dort derart mächtig gute Cocktails, Longdrinks und Alkoholklassiker bekommt. Auch die WC-Anlagen im Keller sind ein kleines (dunkles) Erlebnis für sich.
Angrenzend und somit schon an der Ecke zur Königsklostergasse, befindet sich das **phil**. Ein Café, aber gleichzeitig auch Büchershop, wo man mit großer Wahrscheinlichkeit auch jemanden mit Laptop oder Uni-Zeugs sitzen sieht, denn es arbeitet sich einfach großartig hier!

EINMAL UM DEN BLOCK

Wir ändern also unsere Richtung und biegen rechts in die Königksklostergasse. Sie bestand früher einmal aus einer langen Stiege Richtung Mariahilfer Straße und war von vielen Bettlern besetzt, die damals vor der Suppenküche des nahegelegenen „Königinkloster " ihren liebsten Aufenthaltsort hatten. Die „Bettlerstiege" wurde aber später begradigt, sodass sich die Königsklostergasse daraus bildete.

In der Königsklostergasse wird es erst bei der nächsten Kreuzung so richtig interessant, denn da befindet sich das Schmuckatelier von **Veralie**. Individuell, edel und sogar leistbar ist der Schmuck, der hier gefertigt wird. Beim weiteren Hinaufgehen fällt uns schon ein Café auf, wo an sonnigen Tagen auch ein paar kleine aber feine Stühle aufgestellt sind. Im **Akrap** wird eigener Café (auch als Bohnen) verkauft und der kann sich schmecken lassen. Direkt nebenan (manchmal ist sogar innen die Tür zum Nebenzimmer geöffnet), befindet sich das **Feinkoch**. Hier werden sich vor allem Alleinlebende wohl fühlen, denn bei Feinkoch findet man alles für ein Rezept in den richtigen Portionen. Das heißt, anstatt einen Sack Zwiebel zu kaufen, kauft man eben nur eine und dazu auch nur eine handvoll Tomaten und nicht viel zu viele. Das aktuelle Rezept gibt's dann auch dazu und voilá, man muss nie wieder Reste essen, weil einfach zu viel da ist. Aber natürlich gibt es auch sonst noch viele gute Dinge, die man, wenn man will, auch in größeren Mengen kaufen kann.

Ähnlich lecker und außerdem auch gut für die Mittagspause geeignet ist das nächste Lokal: Bei **Hase und Igel** gibt es täglich frische, hausgemachte Mittagsmenüs, wahlweise mit Suppe oder Nachspeise und wirklich, wirklich lecker. Dafür, dass man fast wie bei Oma isst, ist der Preis auch sehr günstig. Und wer mit dem Essen fertig ist, der kauft sich noch etwas Gutes aus der Vitrine und zieht glücklich weiter. Denn mit rauchigem Speck und frischem Käse im Sackerl ist es fast so, als hätte man am Bauernmarkt eingekauft.

Auf der anderen Straßenseite kann man sich hingegen

besonders zur Abendstunde wiederfinden, denn sowohl das **Monami** als auch das **Wellmann** sind zwei sehr gemütliche Lokalitäten für ein Glas Wein und ein ausgiebiges Pläuschen. Aber auch in der **Pizzeria Nerone** gibt es zur Pizza einen Rotwein oder vielleicht sogar ein bisschen Grappa.

Das kurze Stück der Theobaldgasse, das wir hier entlanggehen ist zwar (Google Maps hat es uns verraten) nur etwa 73 m lang, aber dafür könnte man sich Stunden hier aufhalten. Denn neben der Kulinarik sind auch ein paar Geschäfte, die unsere Aufmerksamkeit für sich gewonnen haben, hier angesiedelt. Auf der einen Seite das **Anzüglich**, wo faire Mode verkauft wird und auf der anderen Seite der **We Bandits Store**, wo Individualität und Style den Laden regieren.

ZEIT FÜR GESCHICHTE

Bevor wir jetzt die Rechtskurve der Theobaldgasse entlanggehen, spazieren wir geradeaus weiter und links die **Fillgraderstiege** hinunter. Da fällt uns die **Pension Mozart** auf, das **Downstairs**, eine Cocktailbar auf halben Wege und der Friseursalon mit dem passenden Namen **stufenschnitt** auf der anderen Seite. Direkt vor uns sehen wir das Haus mit der Aufschrift „Fillgraderhof". Die Gasse, der Hof und die Stiege wurden nach Maria-Anna beziehungsweise Georg Fillgrader benannt. Das Ehepaar engagierte sich seinerzeit sehr für die Obdachlosen und Armen in dem Gemeindegebiet Laimgrube. Ihre Großzügigkeit hat ihnen ein Ehrengrab am Wiener

Theobaldgasse

Zentralfriedhof eingebracht. Die Fillgraderstiege ist denkmalgeschützt und beiheimatete in den 80er Jahren sogar für kurze Zeit ein kleines Stehcafé. Eine Initiative, die man gerne wieder einführen könnte, wie wir finden.

Ziehen wir weiter die Fillgradergasse nach unten, führt sie uns langsam wieder zurück zur Gumpendorfer Straße. Dort, wo Lehárgasse und Gumpendorfer Straße zusammenfinden, hat sich auch eine Akkumulation an Restaurants zusammengefunden. Allen voran das **Café Sperl**, das als Wiener Kaffeehausklassiker nicht wegzudenken ist. Der Platz, der sich an der Kreuzung bildet wird von dem Café auch als Schanigarten genutzt und ist äußerst gemütlich. Auf der anderen Straßenseite kann man entweder im **Hanil** oder aber im **Benjaminis** für ein Abendessen einkehren. Aber Achtung! Wer die Straße vor dem Café Sperl überqueren will, der muss an dieser Ampel auf den Knopf drücken, damit sie von rot auf grün umspringt. Meist stehen hier Leute, die vergeblich darauf warten, dass die nächste Grünperiode kommt, bis sie es schließlich aufgeben und schnell über die Straße laufen, wenn gerade kein Auto kommt. Dieses Wissen kann euch peinliche zwei Minuten UND das Leben retten! Gern geschehen!

ÜBER FRANZ LEHÁR ZU GOTTFRIED SEMPER

Für uns geht es in Richtung Semper Depot weiter die Lehárgasse entlang. Die Straße ist dem österreichischen Komponisten mit ungarischer Herkunft gewidmet und das Gebäude dem berühmten Architekten Gottfried Semper.

Noch bevor wir überhaupt dort ankommen, sticht uns aber ein Ecklokal mit der Aufschrift „**Puff**" ins Auge. Ein Puff? Wirklich? Das scheint aber ganz und gar nicht dezent deklariert zu sein. Das liegt daran, dass dieses Lokal zwar einmal Puff war, heute aber als Cocktailbar geführt wird. Es ist wirklich stylisch eingerichtet - kreative Lichtkörper inklusive. Und das Wissen, sich in einem ehemaligen Puff zu befinden, macht den Sex on the Beach irgendwie gleich noch interessanter.

Schließlich tut sich links von uns noch das **Semper Depot** auf - eine hohe, braune Fassade, die einen spekulieren lässt, was sich wohl im Inneren dieses Gebäudes befindet. Früher wurden im Semper Depot die Kostüme und Bühnenutensilien für die Bühnenbetriebe Wiens (auch für das Theater an der Wien) genäht und vorbereitet. Heute gehört das Semper Depot zum Universtätskonglomerat der Akademie der bildenden Künste und wird häufig für Veranstaltungen genutzt. Der imposante Innenraum erinnert fast ein bisschen an eine Industriehalle und ist sehr hoch. Die Galerie kann durch freiliegende Treppen erreicht werden und auch an der Außenwand sieht man diese, wie Feuertreppen aussehenden Stufen.

IN FORM FÜR'S THEATER

Bevor wir nun schon bald beim Theater an der Wien angelangen, vereinen wir uns wieder mit jenen Stadtspazierern, die sich durch die Technische Universität durchgeschummelt haben und nun wieder in etwa dort sein sollten, wo wir uns gerade befinden. Der Weg führt uns zu dem ultimativen Workout. Im Fitnesstudio **In Good Shape** gibt es TRX, P.I.I.T, Yoga, Krafttraining und Rückentraining - aber eigentlich noch viel viel mehr. Abwechslung ist nämlich das um und auf, wenn es ums Trainieren geht und die Trainer und Trainerinnen dort sind wirklich immer über die neuesten Trends in der Fitnesswelt informiert. Das Gute ist auch, das eine Mitgliedschaft hier keine Bindung beinhaltet. Also: Trainieren wann und wie du willst.

Wer jetzt gerade aber nicht will, der zieht mit uns weiter und bahnt sich den Weg in die Millöckergasse, die bald auch mit der Papagenogasse zusammenstößt. Hier befindet sich das berühmte **Papagenotor**, das früher einmal den Eingang zum **Theater an der Wien** darstellte und auf dem Emanuel Schikaneder (der Gründer des Theater an der Wien), verkleidet als Papageno, zu sehen ist. Weiter um die Ecke, an der Linken Wienzeile, ist nun der neue Eingang des Theaterhauses, wo auch schon viele Musicals aufgeführt wurden. An dem Fußgängerweg davor sind in Sternen einige wichtige Persönlichkeiten aus dem Musik- und Theateralltag verewigt. Emanuel Schikaneder als Gründer des Theaters etwa und auch Ludwig van Beethoven, der einige Jahre in dem Gebäude mit dem Papagenotor wohnte.
Wir haben zum Glück noch eine Restkarte für die Abendvorstellung ergattern können und lassen unseren Tag verdient bei einer Vorstellung im Theater an der Wien zu Ende kommen.